JN088016

カウンセラー
（公認心理師・臨床心理士）
という生き方

井澗知美

イースト新書Q

Q087

はじめに

本書の企画についてお話をうかがったとき、最初に浮かんだ思いは「難しいからお断りしよう」でした。カウンセラーの生き方を語る⁉ そんな恐れ多いことは私にはできない、しかも、私のたどってきたキャリアは、超・マイナーで参考になりそうにない。だから、企画の趣旨はわかるけれど、私は適任ではないとお断りしよう、そう思っていました。

しかし、一方で、公認心理師という国家資格ができて数年が経った今、専門職としての心理職（カウンセラー）は分岐点にあるという危機感もありました。「カウンセラーがいるといいよね」と世の中からその専門性が認められるのか、「何をやってるのかよくわからないよね」と孤立するのか……。カウンセラーとして働きつつも、カウンセラーについて自信をもって語れない状況にいることに気づきました。

今、大学という教育機関に身を置いている私には、心理職を養成する一端を担う責務があるだろうということ、また、そうすることでこれまで私を育ててくださった皆様への恩返しになるのではないか。だとしたら、この企画を断ってはいけないのではないか。自信がない私だからこそ、この本を作ることになったのかもしれない……と妙な使命感が芽生えて、この本に携わることになった次第です。

さて、本書の特徴は、主に3つあります。1つめは、カウンセラーとして働くことはどういうことか、人を援助するとはどういうことかについて読者の皆さんに考えていただくことです。2つめは、資格取得に関する情報を提供することです（しかし、これは今後変わることもありうるので最新情報をチェックして下さい）。3つめは、カウンセラーの働き方は多様であることの紹介です。ありがたいことに、何人かの方にそれぞれの現場での仕事の仕方や特徴などを書いていただくことができました。読者の皆さんが働くことのイメージをもつのに役立つものと思います（筆者の経緯も必要だといわれて書きましたが、あくまでこれはおまけです。珍しい一例と思ってください）。

これから自分の生き方を見つけていこうと思っている皆さんが、カウンセラーになるにしてもならないにしても、色々なことにチャレンジして、さまざまな出会いや体験をもとに、ご自分の人生を歩まれることを応援しています。

カウンセラーという生き方●目次

1章 カウンセラーの現場

2章 カウンセラーを目指して

3章 カウンセラーとして働く姿勢

4章 カウンセラーになるには

5章 これからのカウンセラー

1章 カウンセラーの現場

カウンセリングとは

カウンセリングとはなんでしょうか。知っているようでよくわからない、ぼんやりとしたイメージを持っている方も多いと思います。

カウンセリングは、広辞苑（第七版）では「個人のもつ悩みや問題を解決するため、助言を与えること」と定義されています。心理学的に言えば、心に悩みを抱えている人（クライエント）に対しカウンセラーが話を聴いて、心の専門家としての視点から、指導やサポートを行うことです。

カウンセラーは心の専門家といいましたが、そもそも「心」とはなんでしょうか？

私が担当した、大学1年生を対象にしたある授業で「皆さんには心がありますか？」とたずねたところ、全員が「ある」と答えました。次に、「なぜ自分に心があるとわかりますか？」とたずねたところ、さまざまな答えが返ってきました。「うれしいと思うから」「悲しくなるから」「いろんなことを考えるから」「何かをしようと自分の中で思うから」などです。

つまり、人が何かを感じたり、考えたり、行動したりする、それらすべてが「心」の働きであると学生たちは自然と考えていたわけです。

学生に限らず、昔から人間は自然と心の存在を感じていましたが、最初は「哲学」として扱われていました。たとえば、「目は心の窓である」（プラトン）や「我思う、ゆえに我あり」（デカルト）といった言葉をきいたことがあるかもしれません。このように、人の心の動きには古くから関心が向けられていたといえます。

しかし、じつは「心理学」として独立した歴史は浅く、近代になってからなのです。自然科学の方法に基づいて「心」を研究するために、１８７９年にドイツのヴィルヘルム・ヴントが「心理学実験室」を設立したのが、そのスタートといわれています。ヴントは人間の意識を細かく分析することで、心を理解しようとしました。

しかし、人の心がそれでわかるのだろうか？という反論もおき、そこからさまざまな理論が誕生していきました。要素の集まりではなく全体とみようというゲシュタルト心理学や、意識だけでなく無意識も扱おうという精神分析学、心を目に見えるもの、すなわち心の動きの結果あらわれた行動から見てみようという行動主義心理学など、現代の心理学の土台ができあがっていきました。

カウンセリングの基盤となるのは臨床心理学と呼ばれる心理学の一種で、アメリカ心理学会（American Psychological Association：ＡＰＡ）では臨床心理学を「科学、理論、実践を統合して、人間行動の適応調整や人格的成長を促進し、（中略）問題を軽減、解消することを目指す学問である」（藤永保監修『最新心理学事典』平凡社、２０１３年）と定義しています。少し難しいので要約すると、心の問題を抱えた人を理解し、サポートするための実践的な学問ということです。

「臨床心理学」は英語ではclinical psychology（クリニカル・サイコロジー）といいます。この「臨床（クリニカル）」は元々医学で用いられてきた言葉です。古代ギリシアの医師、ヒポクラテスが「医療で大切なことはクリニコス（病人の枕元で話をきくこと）である」と弟子に説いたことが語源といわれています。この言葉が、カウンセリングを含む心理臨床においても使われるようになりました。「臨床」的な視点にたつ、つまり、クライエントの心に寄り添うことの大切さを表しています。

皆さんがカウンセラーという職業に興味を持ったきっかけは、さまざまだと思います。私は大学の臨床心理学科に教員として勤めていますが、学生から、

「じつは、私は不登校で、相談室に通っていたことがあります」

「友だちや家族についての悩みを、スクールカウンセラーの先生に聴いていただき、私もカウンセラーになりたいと思いました」

「新聞やテレビで知った事件から、非行や犯罪に興味を持ちました」

などのきっかけを聞きます。

日常生活を過ごすうえで、何らかの悩みや困りごとを抱えることは誰でもあるでしょう。たとえば、学校での生活を考えてみましょう。人間関係がうまくいかない、授業についていけない、朝起きることが難しくなり時間通りに登校ができないなど、困りごとがあると日常生活を送ることが不便になります。また、人に見えないものが見える、聞こえない音が聞こえるなどの症状に悩まされたり、眠れない、やる気がおきないなどの症状に悩まされることも起こるかもしれません。周りからは、勉強もできて友だちもいて、順風満帆だと思われているのに、自分では「なんかうまくいかない……」と悩むこともありえます。悩むのは悪いことではありません。悩みを通して成長していくこともあるでしょう。上

手に悩むことが大切です。皆さんは悩んだとき、家族や友だち、先生、先輩など色々な人に相談することがあるでしょう。相談することで、視野が拡がったり、問題が整理されたり、気持ちが落ち着いたという経験がある人も多いのではないでしょうか。「相談する」ことは上手に悩むうえでの大切なスキルともいえます。

相談先のひとつとして、カウンセラーがあります。心の専門家として悩んでいる人の話を聴き、臨床心理学の知見をもとに支援をしていくのがカウンセラーの仕事です。皆さんになじみがあるのはスクールカウンセラーかもしれませんが、カウンセラーが働く現場は学校だけではありません。たとえば児童相談所や病院、会社、警察、役所など、日常生活のありとあらゆる現場で、カウンセラーは働いています。

カウンセラーは、悩みを抱えたクライエントに正解を教えるのではありません。たとえば、カール・ロジャーズという心理学者は「クライエント・センタード（クライエント中心）」という考えを提唱し、クライエント自身が答えを知っているのだから、クライエントの話をよく聴きなさいといいました。クライエントの話を聴くことでクライエント自身が自分で答えを見つけていくことができる、という考え方です。もちろん、ただ「聞く」のではなく、「聴く」こと（119ページ参照）が求められ、そのためのトレーニングを受けるわけですが。

人の人生は、よく物語に喩《たと》えられます。人は誰しも、その物語の主人公です。クライエントが自分らしい物語をつくるのをお手伝いするのが、カウンセラーの仕事です。

カウンセラー（公認心理師／臨床心理士）とは

カウンセラーとは、広く「相談員」や「助言者」を意味しますが、一般的には心理カウンセラーを指すことがほとんどです。この本では、心理カウンセラー＝カウンセラーとします。

カウンセラーは、クライエントの悩みを聴いて、本人自身が解決していけるようサポートすることが仕事だと、すでにお話ししました。活躍の場は、学校や病院、民間企業など多岐にわたるわけですが、じつは資格がなくても「カウンセラー」と名乗ることができるという、なんともあいまいな一面があるのも事実です（公認心理師・臨床心理士は資格の取得が必要ですので、名乗ることはできません）。

しかし、傾聴や対話などのスキルを通して悩みを解決していくカウンセリングはもちろん、精神分析や行動療法といった心理療法などを行うために専門知識は欠かせません。自分の知識を裏付けるものとも考えられ、クライエントの信頼を得るためにも、資格は必須といえるでしょう。

このような状況下で、たとえば学校生活に関する心理学的なサポートを行う学校心理士や、認知行動療法という治療を専門的に行うことができる認定行動療法士、人の発達・成長・加齢に寄り添い、必要とされる援助を提供する臨床発達心理士といった、さまざまな専門性を持った民間資格がうまれてきました。

その中でも、もっとも信頼性が高く、総合して心理学の知識を網羅している資格が、公認心理師と臨床心理士です。公認心理師は、心理に関する資格の中で、唯一の国家資格です。2015年9月に公認心理師法が公布され、2017年9月15日に施行。2018年に、第1回の公認心理師試験が行われました。

公認心理師は、法律上で定められたさまざまな業務を担うことができます。「心理査定（アセスメント）」「心理面接（カウンセリング）」「関係者への面接」「心の健康に関する教育・情報提供活動」が定められています。業務内容は、臨床心理士と似ていますが、より幅広く心理学全般に対応できる専門家としての活躍が期待されています。

一方臨床心理士は、公益財団法人日本臨床心理士資格認定協会が認定する民間の認定資格です。数ある心理学の民間資格の中ではもっとも有名で、実績のある資格です。公認心理師資格ができるまでは、臨床心理士資格が国家資格のような役割を担ってきました。現在でも臨床心理士は医療・保健、教育、産業、福祉、司法などさまざまな場所で活躍しています。

臨床心理士の業務は、「臨床心理査定（アセスメント）」「臨床心理面接（カウンセリング）」「臨床心理的地域援助」「調査・研究」の4つが定められており、カウンセリングや心理療法などによって、クライエントのサポートを行います。

公認心理師／臨床心理士の4つの業務とは

公認心理師と臨床心理士のそれぞれの業務は、実際重複することも多く、似ている部分も多くあります。ここでは、臨床心理士の業務について主に説明しながら、公認心理師の業務と照らし合わせると、どの業務にあたるのか、簡単に説明したいと思います。

1つ目の「臨床心理査定（アセスメント）」とは、さまざまな心理テストや観察面接を行い、クライエントそれぞれの特徴や問題点を明らかにすることです。アセスメントに基づいて、クライエントをどのような方法で支援するかを検討し、必要に応じて他の専門家との検討も行います。「診断」（diagnosis）ではなく「査定」（assessment）という用語であることが特徴です。「診断」は、診断する人、たとえば医師の立場から対象（患者）の特徴を評価しますが、「査定」は、査定される人（クライエント）の立場に立ちながらその人の特徴を評価するものです。弱みだけではなく強みもあわせて評価し、その人のありようをとらえます。

具体的には、クライエントの状態像を把握するために、面接法や観察法、検査法といった専門的な技法を使います。

面接法は、クライエントと対面しながら会話を通して情報を得ることです。たとえば、「いつから学校へ行っていないのですか？ その前後に何かありましたか？」などというように問いかけしながら、クライエントの状態像を把握していきます。

観察法は、行動を見ることで情報を得る方法です。また、検査法は、クライエントの心の発達や状態などを、さまざまな検査を使って理解する方法を言います。皆さんも一度は聞いたことがあるかもしれないＩＱを測る知能検査や、人格検査などさまざまな種類があります。この「臨床心理査定（アセスメント）」は、公認心理師法でも同じように定められている業務の1つです。

2つ目の「臨床心理面接（カウンセリング）」とは、先ほども説明した通り、心理学の知見を使ってカウンセラーが治療的にかかわることを意味します。カウンセラーとクライエントとの人間関係が構築される過程で、クライエントの自己の発見や成長が促されていきます。

そして、クライエントの特徴に合わせ、精神分析、夢分析、遊戯療法、クライエント中心療法、集団心理療法、行動療法、箱庭療法、臨床動作法、家族療法、芸術療法、認知療法、ゲシュタルト療法、イメージ療法といったさまざまな臨床心理学的技法を使って、心のサポートを行います。この「臨床心理面接（カウンセリング）」も、公認心理師の業務のひとつとして定められています。

アセスメントに基づいてカウンセリングが始まるわけですが、カウンセリングが始まってからも常にクライエントの状態を見ながら（アセスメントしながら）、治療的にかかわっていきます。

なお、公認心理師法にはクライエント個人の支援に関して、関係者への相談・助言・指導などの援助をあわせて行うことについても定められています。ここでの「関係者」とは、家族や友だちなどはもちろん、他職種の専門家も含まれています。

3つ目の「臨床心理的地域援助」とは、クライエントだけでなく、地域住民や学校、職場に所属する人たちの心の健康や地域住民の被害の支援活動を行うことです。また、日常における生活環境の健全な発展のために、心理学の情報を、わかりやすい言葉でアドバイスする活動も含まれます。

クライエントはひとりで生きているわけではありません。地域社会の中で家族や会社の人などとともに過ごします。人が所属している地域が安定していることで、その中に暮らす人びとも安心して健康に過ごすことができます。

さらに、予防介入の重要性が、最近わかってきました。心の健康に関する教育や情報提供活動の重要性です。たとえば、さまざまな研究の結果、幼児期の親子関係がよいことはその後のメンタルヘルスを支えるといわれています。であれば、幼児期のよい親子関係を築けるように親子が自由に遊んだりおしゃべりしたりできる場をつくったり、親御さんに子どもの心の発達についてレクチャーしたり、カウンセラーが予防介入をすることが役立つでしょう。この「臨床心理的地域援助」については、公認心理師法の中では、先ほどご説明した「関係者への面接」と、「心の健康に関する教育・情報提供」の2つに分けて説明されていますが、公認心理師の業務として定められています。

4つ目の「調査・研究」とは、文字通り1つ目から3つ目の業務に関する調査や研究を行うことです。心の問題をサポートしていくうえで、技術的な手法や知識を確実なものにするために、基礎となる調査や研究はとても大切です。

たとえば「うつ病には認知行動療法が効く」という研究結果があれば、カウンセラーはうつ病のクライエントに、その技法を使えます。

このように、臨床と研究はお互いに行き来しながら進歩しているのです。なお、この「調査・研究」については公認心理師の業務として定められてはいません。しかしながら、このように日々、さまざまな調査結果や研究結果を調べることで、カウンセラーとしての能力は高まっていきます。ですので、公認心理師にも必須の業務と言ってよいでしょう。

公認心理師と臨床心理士の違い

先ほど「カウンセラー（公認心理師／臨床心理士）とは」の項目でご紹介したように、カウンセラーには主な資格として、公認心理師と臨床心理士の2つがあります。ここではそれらの違いについて、簡単にご説明します。

まず、受験資格の取得のちがいがあります。

臨床心理士は、修士課程に進学し2年間大学院に通いながら修士論文を執筆するなど、研究者としての能力を高め、受験資格を取得することができます。

一方、公認心理師は基本的に大学の4年間と大学院修士課程などの2年間を合わせた最低6年間、心理学のカリキュラムを学ぶことを必須とし、修士課程での実習などを経て受験資格が得られるようになっているというのが、異なる部分です。

その背景として、公認心理師は元々臨床心理士の団体だけでなく、一般社団法人日本心理学諸学会連合と呼ばれる「臨床」以外の心理学の専門家による連合、また精神科医の団体の話しあいにより成立した資格であることがあげられます。そのため、公認心理師カリキュラムでは臨床心理学にあまり偏りすぎないように、できるだけまんべんなく心理学や医学（精神医学を含む）を学べるようにつくられています。

そのようなことから、公認心理師は臨床だけではなく、心理学全体にかかわる心理学の専門家として担うことが期待されています。公認心理師と臨床心理士の違いを明確に述べることは難しいものの、法律やカリキュラム上からその違いを垣間見ることができるのかもしれません。

公認心理師も臨床心理士も、次にお話する5領域（医療・保健、教育、産業、福祉、司法・犯罪）にまたがって働くことができる資格なので、それぞれどちらかにしかできない技術というものはないといえるでしょう。

しかし、将来的には公認心理師資格を持っていないとできないことが出てくるかもしれません。たとえば、医療機関での勤務があります。しばらくの間、公認心理師資格を持たずにカウンセラーとして勤務している人も、公認心理師としてみなすという「みなし規定」が定められました。このみなし規定は、公認心理師が一定程度養成されるまでの措置なので、今後医療機関でカウンセラーとして働きたい人は、公認心理師資格を取得しておいた方が有利だと思います。

公認心理師資格については、今後も社会情勢によって色々と条件が変わってくるかもしれないので、常に最新情報をチェックしておく必要があります。

公認心理師と臨床心理士、どちらの資格も取得したからといって、すぐにカウンセラーになれるわけではありません。資格取得がゴールではなく、スタートラインだということです。ですから、カウンセラーの皆さんは資格を取得してからも学び続けています。

カウンセラーのさまざまな現場

カウンセラーの現場でよく知られているのは、学校（スクールカウンセラー）ではないでしょうか。しかし、先ほど説明したようにカウンセラーは、5領域（医療・保健、教育、産業、福祉、司法・犯罪）にまたがり、さまざまな現場で活躍しています。

そこで、カウンセラーが働く現場と、その現場でどのような業務を行うのか具体的に紹介しましょう。

◎医療・保健（病院・クリニック・保健所・リハビリテーション施設・精神保健福祉セ

ンターなど）

総合病院、精神科病院、小児科、内科、外科など、主に医療の広い範囲が現場となります。先ほど説明した業務の中でも、カウンセリングとアセスメントがメインの仕事になりますが、デイケアや家族会といったグループでのアプローチや心の健康教育なども受け持ちます。

たとえば、精神科病院では統合失調症やうつ病などの患者さんに対する心理検査やカウンセリングを行います。最近では、総合病院内でがん患者やその家族の心理的な苦痛を和らげるカウンセリングのニーズも増えてきました。

なお、医療の現場では、医師をリーダーとして、看護師や薬剤師、作業療法士、理学療法士などのさまざまな職種の人たちとチームをつくり連携していきます。

◎教育（学校・学生相談室・心理教育相談室・教育相談室・教育センター・教育研究所・各種研究機関など）

学校に勤務するスクールカウンセラー、あるいは教育相談室で働く相談員としての仕事がメインになります。主に不登校やいじめ、友人関係、家族関係、勉強、発達障害や情緒障害による学校不適応などに対し、適切なアセスメントに基づく児童や生徒へのカウンセリング、保護者へのアドバイスやサポート、教師へのコンサルテーション（専門家同士の助言）などを行います。学校全体で相談機能を高めるという役割も期待されており、業務の幅がかなり広いのが特徴です。

たとえば、朝起きて学校に行くことはできるけれども、教室に入ろうとすると動悸がしてしまったり、パニックになったりしてしまう子どもがいたとします。保健室に登校はしているものの、そのままでは徐々に学習の遅れが出てきてしまいます。こういった場合に、スクールカウンセラーはまず、相談室や学習支援室などでその子の話を聞き、気持ちに寄り添います。するとどうやら、友だちや教員との関係が悪いわけではなく、発達の特性が原因で一斉授業の意味が理解できず、ストレスになっていることがわかりました。そこで、担任の教員と相談して宿題を変える、アセスメントをしてその子に適切な学習法を検討して提案する、授業中にＩＴ機器を活用するなどの調整を行います。子どもにとって、学習のストレスが減ることで授業への参加もしやすくなるでしょう。

さらに、２００６年に一部改正された学校教育法に定められた「特別支援教育」に必要な合理的配慮の検討や、校内の通学路で起きた災害や犯罪、自殺などに対しての心のケアなどの危機対応も重要な業務です。また、近年は「チーム学校」といわれる方針により、学校内で教師や管理職と連携を密にし、チームとして児童・生徒をサポートすることが推進されています。

◎産業（企業内の健康管理室や相談室・障害者職業センター・公共職業安定所など）

働く人の心の健康問題についてサポートします。うつ病などの精神疾患やメンタルヘルスの問題（ストレス、不安、悩みなど）を抱えた人から健康な人までを幅広く対象として、個別の働き手だけではなく職場組織への対応も行います。

ひとつの企業の中には、さまざまなタイプの人が働いています。たとえば、真面目で寡黙、引っ込み思案でなかなか仕事が断れず、メンタルヘルスの問題を抱えてしまう人。周囲からはマイペースで自分勝手と思われていても、じつは繊細で独特の過敏さがあり、ストレスを抱えてしまっている人もいます。産業領域に携わるカウンセラーは、そのような人に対して、その人の働き方や対人関係のあり方を見つめなおす機会を提供します。

この分野のカウンセラーは、主に企業の中の健康管理室や相談室に勤務するパターンと、このような業務を外部委託で請け負うＥＡＰ（従業員支援プログラム）の会社に勤務して、電話相談や面接相談、さらには別の外部カウンセラーへの委託業務の取次をするパターンに分かれます。

業務内容としては、メンタルヘルスやワークライフバランス（仕事と趣味や家庭生活のバランス）の問題、ハラスメント（いじめやいやがらせ）に関する個別相談や、外部医療機関との連携、キャリアプランと仕事内容のすり合わせを行うキャリアカウンセリングなどがあります。

この他、メンタルヘルスに関する問題の予防を目的とする教育研修・職場環境改善や、問題が発生してしまった場合にはその再発予防に取り組むなど、組織ぐるみでのサポートのリーダー的存在となることもあります。

◎福祉（児童相談所・児童福祉施設・婦人保護施設・母子生活支援施設・身体障害知的障害相談施設・高齢者福祉施設など）

メインとなる仕事は、乳児院や児童養護施設、虐待への対応を中心とする児童相談所、少年非行に関係する児童自立支援施設、成人・老人を支援する地域包括支援センター、障害児施設、老人福祉施設などの福祉施設でのアセスメントと相談業務などです。

福祉分野では、年齢や障害などによって当事者の側に支援に関する知識があるか、その説明を理解できるかに大きな幅があります。さらに、連携を密にしなければならない他の専門職（社会福祉士、介護福祉士など）にも心理学の知識量に幅があります。そこで、福祉現場で働くカウンセラーは、単に相談業務に携わるだけでなく、このような他職種への助言や情報提供、連携や関係調整などの幅広い業務が期待されます。

また、社会福祉士など福祉に関係する職業の業務が、具体的な処遇や援助を中心とするのに対し、カウンセラーは「心の問題」に対しての支援が業務の中心となります。たとえば、親やその他の養育者に虐待されて児童相談所や児童養護施設にいる子どもには、傷ついた心を、相談やプレイセラピー（遊びを通した心理療法）を通じて癒していきます。

◎司法・犯罪（家庭裁判所・少年鑑別所・少年院・刑務所・保護観察所・警察関係の相談室・犯罪被害者相談室など）

主に犯罪や少年非行にかかわることになるため、法務省や裁判所、警察などと関連が強い業務となります。

法務省関連では、法務技官（心理技官）と呼ばれる少年鑑別所、少年院、刑務所などに勤務する専門職があり、とくに少年鑑別所においては、心理検査などを通じて収容された少年・少女の心理や行動面を深く理解し、今後の意見を検討します。また、この他に非行をしてしまった少年・少女や元犯罪者が社会の中で更生するように支援する、保護観察官として、保護司（心理職ではなく民間のボランティア）と協力して生活指導にあたる業務もあります。

裁判所関連では、家庭裁判所の調査官としての業務があります。調査官は非行や犯罪、離婚問題、子の親権者問題その他さまざまな家庭問題に対して調査を行い、心理学の専門知識と経験を活かして、処分や解決に向けて取り組むことになります。

警察関連では、都道府県の警察の少年サポートセンターに配置され、非行防止対策にあたる少年相談専門職員としての業務などがあります。この他、犯罪被害者への支援は警察の被害相談窓口や検察庁の被害者支援制度、全国被害者ネットワークなどで行われており、今後カウンセラーが活躍する場として期待されています。

非行も犯罪も、その原因を探っていくと家族や地域の影響によるものが多く、単に非行や罪を犯した人を厳しく罰すれば解決するわけではありません。そのためにも、さまざまな専門職や地域の人びとが協力しあって、加害者・被害者ともに再発防止や予防に取り組むことが求められています。

◎その他

ここまで、医療・保健、教育、産業、福祉、司法・犯罪の5領域でのカウンセラーの役割や業務について解説してきましたが、その他の現場でもカウンセラーは活躍しています。たとえば、災害現場で働くカウンセラーもいます。2011年に発生した東日本大震災の際には自治体が主体となって、被災者の心のケアを行いました。強いストレスや絶望感、PTSDと呼ばれるフラッシュバックの症状などに悩む被災者を、保健師や精神科医と連携しながら支えました。

カウンセラーの1日

医療・保健、教育、産業、福祉、司法・犯罪などさまざまな現場で活躍するカウンセラーですが、その働き方は働く場や常勤・非常勤かによってもそれぞれ大きく異なります。カウンセラーというと、やりがいはあるものの多忙を極めて残業ばかりというイメージがあるのも事実です。しかし、実際はどうなのでしょうか。各領域で働く皆さんに、お話をきいてみました。

◎児童精神科クリニックで働くカウンセラーAさんの場合

私は児童精神科クリニックで、常勤の心理職として働いています。児童精神科は15歳までの人が対象で、その年代に起こるすべての精神的な症状について、診察や心理面接を行います。私の勤めるクリニックは、主に発達臨床を専門としていますが、発達障害だけでなく、トラウマやうつなどさまざまな困りごとに対応しています。発達障害と診断されるか否かにかかわらず、受診された患者さんは、支援の対象になります。

現在、医師が数名、精神保健福祉士の資格を持つケースワーカー、そして心理士は常勤と非常勤を含めて十数名います。子育てをしながら半日勤務など、時短で働いている人もいます。診療内容は、医師の診察を基本として、心理面接や心理アセスメント、保護者支援のグループセッション、診療以外では専門家向けの研修も行います。

どこの児童精神科でも受診希望者が多く、初診日の予約を取るまでにかなりの時間、お

Aさんの場合

9:00〜10:00	クリニック到着
10:00〜10:30	グループセッション準備・打ち合わせ
10:30〜13:00	グループセッション
13:00〜14:00	アフターセッション・昼食
14:00〜15:00	心理面接
15:00〜16:00	心理検査
16:00〜17:00	心理検査
17:00〜18:00	心理面接
18:00〜	記録・清掃（各自退勤）

待ちいただいているのが現状です。年間約250件の新しい患者（クライエント）を勤務日数によって分担していますが、心理士が十数名いてもかなり忙しく感じます。

勤務時間は、クリニックの診療時間が10時から18時までですので、その時間が定時となります。朝の定期的な全体ミーティングなどはありませんので、それぞれの打ち合わせや、面接の準備に合わせて出勤します。

また、診療は医師の指示のもと進めていきますので、医師との連携は欠かせません。医師の空いている時間を見計らって、指示をもらい、連携することが求められます。

診療時間中は、主に患者さんやそのご家族との面接を行います。来院される方は、他機関に通われていたとしても医療での〝診断〟を求めてくることが多いです。そのため診断に必要な心理検査や知能検査などのアセスメントを行うのが、私たちの仕事のひとつです。さらにその結果をまとめ報告書を作成し、その後のフォローアップの面接を続けるのも重要な仕事です。また、学校や園の先生など他機関からの相談を受けることもあります。

1日に多いと7、8人と面接をすることもあり、場合によってはお昼休憩を使わざるを得ません。個別の面接に加えて、グループセッションもありますので、準備や、グループセッション後の医師や心理職とのアフターセッションの時間も必要です。そのため、さまざまなアセスメントの所見や面接の記録、報告書の作成は、時間外に行うことがしばしばです。

思春期以降のお子さんの場合、ご家族とお子さんの担当心理職を別にして、お子さんのプライベートをしっかり守ります。

きょうだいで受診される方もいますので、その場合は、ご家族、お子さんそれぞれに担当がつき、複数の担当者で情報交換しながら進めていきます。連携の時間は限られていますが、その中で丁寧に共有できるように工夫しています。互いの面接の合間に5分程度で行うこともあります。

さらに、発達障害を持つお子さんの保護者の方を支援するプログラムとして、ペアレントトレーニングを行っています。また、自閉症スペクトラムのお子さんを持つご家族向けには、イギリス発祥のプログラムを取り入れて、グループ支援を行っています。後者のプログラムには家庭訪問も組み込まれていますので、ご自宅に訪問することもあります。

私は保護者の方にも、お子さんと同じような気持ちで向き合います。保護者の方を支えることは、お子さんを支援することにつながるので、そのことを心において面接を行っています。

全スタッフが集まってのミーティングは、1〜2カ月に1回あります。それ以外に、2カ月に1度程度、ケース検討会も行われます。ただ、患者さんとの面接が最優先ですので、この会議は不定期となったり、時間外に行われたりすることもあります。

大人であれば5分で話し終わることも、子どもはうまく話せないことも多く、診療には時間を十分にとります。医師も30分は診療時間を確保しています。とにかく忙しくて大変なこともありますが、医師も心理士も寝る間も惜しみ、志を持ってクライエントと向き合っています。

やりがいについてきかれると答えるのに正直なところ困ります。もちろん、とてもやりがいはありますが、やりがいというシンプルな言葉にまとめてしまえない、色々な思いがあるからです。

人は、傷ついたり、誰にもわかってもらえないと思うと、無気力になったり、孤独を感じたりします。けれども、ひとりでも自分のことを理解してくれる、味方がいる、と思えるだけで心にエネルギーがわいて、これでいい、一歩踏み出してみようかな、と思えたりします。そんなきっかけになれたら、そして伴走者になれたら、という思いを持って日々の臨床をしています。実際に、困りごとや問題に真剣に悩んで向き合っているクライエントから、私たちが教わること、学ぶことも少なくありません。その一生懸命さから、力をもらうこともたくさんあります。

暗闇をもがき進んだ先に、明るい光が見えてきて、今までの道のりを一緒に振り返って喜びを分かち合ったりするときが、この仕事をしていてよかったと感じる瞬間かもしれません。

◎私立中学・高校の支援室に勤める教育相談員Bさん

私は、私立の中高一貫校にある支援室で、非常勤の教育相談員として、週4日間働いています。支援室は、精神的な不安定さや発達の特性等によって、学校に通うことが難しい、または登校できるものの教室に行けないなどの理由で保健室登校をしている生徒が、それぞれのペースで登校したり、勉強などをする場所になっています。

Bさんの1日

9:00	学校到着
9:00〜15:30	支援室開室（保健室登校の生徒の学習支援や話を聞く）
12:00〜12:50	生徒と昼食　または　個別相談
16:00〜16:45	個別相談
16:45〜17:30	個別相談
17:30〜18:15	個別相談
18:15〜20:00	記録整理、先生方との打ち合わせなど
20:00	学校から帰る

大学院在学中、実習でこの学校にお世話になっていたのですが、当時はこのような支援室はありませんでした。それまでは学習を中心とした個別の対応が主になっていましたが、私が大学院を卒業するときに、保健室登校の生徒たちが教室へ復帰したり、新たな進路を考えるうえで、学習面での継続的なサポートが必要ということで支援室がつくられることになりました。

支援室は一般の教室と同じように机と椅子がある部屋で、疲れたときに少し横になったりできるスペースもあります。

支援室を開室してから数年が経ちます。はじめは先輩と2人で、保健室登校をしている生徒たちへ支援をしていましたが、なかなか学習に向かえない生徒も多く、どのようにサポートしたらよいのか試行錯誤の毎日でした。支援室が開室した後、先輩が辞めてしまい、私ひとりでどうしようかと不安でしたが、保健室の先生やスクールカウンセラーの先生に相談しながら、少しずつ軌道に乗せることができてきたと思います。

1日の勤務の大きな流れとしては、朝は9時までに登校し、15時30分までは支援室を開室します。個別相談が詰まっている場合は退勤が20時頃になりますが、予定がなければ早めに帰宅します。

支援室ができたばかりの頃は、高校生の利用者もいましたが、最近は中学生がメインです。具体的な対応としては、たとえば授業でわからないところを聞いて、一緒に勉強したり、集中できない生徒の場合は、雑談をしながら本人のペースで勉強を進めていくのをサポートします。どんな課題が出ているのか確認したり、提出が必要なものがあるときは教室まで一緒に行くなど、勉強そのものの支援というよりは、学び方の支援や、学習を一緒にやってみて身に付けていけるような支援をしています。

また、生徒の話を聴くのも大事な仕事になります。最近多いのは、家族や友だちとうまくコミュニケーションが取れないという悩みです。

支援室を利用するためには、本人の希望、そして保護者と担任の先生の許可が必要となります。基本的には、支援室は休み時間以外の時間割の縛りはなく、生徒が学習したい内容を中心に勉強をしていきます。また、授業時間内は支援室にいることができ、たとえば理科だけは授業に出席するという生徒もいます。

お昼休みは50分間あり、ほとんどは支援室で生徒と一緒にお弁当を食べますが、個別相生徒の対応をすることもあります。

個別相談については、放課後の時間にあたる16時頃から開始します。個別相談は、教室には通えているものの、学習の遅れなどの悩みを抱える生徒へ、宿題の確認や実施スケジュールの調整を行ったり、必要に応じて勉強を一緒に行うなど学習面の支援が中心となります。

個別相談でもっとも多い相談は、「元々勉強でつまずいていたけれど、どうしたらいいのかわからない」というものです。一斉授業では内容をよく理解できず、わからなくても誰にも相談できなくて、どんどんわからないところが増えてしまい、「担任や教科の先生に今更聞けない」と困っていることも多くあります。

それでも、個別相談や支援室での生徒たちは「何とかしたいな」と思っている生徒が多く、そんな生徒たちの様子を、担任の先生方や養護教諭、必要があれば保護者と共有することが大切になります。それは、必要なサポートを一緒に考えていくことで、生徒たちが安心して成長していく環境を調整することができるからです。

そのための打ち合わせを個別相談が終わる18時15分以降か、支援室に生徒がいない時間帯などに行うこともあります。

最近は担任や学年の先生方から「教育相談に行ってみたら？」と提案していただけるお

かげで、利用する生徒が増えてきています。

18時15分からは、支援室の日誌や個別相談の記録を書きます。スクールカウンセラーが出勤しているときは相談しに行くこともあり、退勤するのは20時くらいになることもあります。

本来の勤務時間は、9時から17時30分までなのですが、個別相談の段階で残業になることも少なくありません。学校以外にもクリニックで働いているので、休みは日曜日と隔週月曜日のみ。さらに、仕事以外で研究会に出席することもあるため、夏休みなど長期休暇中は出勤がない日も多くありますが、正直大変な部分もあります。

それでも、目の前に困っている生徒にいると、寄り添いたいと感じます。以前卒業ギリギリの高校3年生の12月につながった生徒がいて、その生徒が支援室に来てくれたのはうれしかったのですが、「もっと早く見られたら……」と残念な思いもありました。

生徒たちが少しずつ変わっていったり、ちょっと勉強が楽しいなと思ってくれたりすることが、私のモチベーションです。まだつながっていない生徒も多いのですが、支援室や個別相談に来てくれる生徒がいる限り頑張りたいと思っています。

◎産業系クリニックで働くリワークカウンセラーCさん

私は働く人のメンタルヘルス支援に力を入れている医療機関（クリニック）の心療内科で、常勤のカウンセラーとして働いています。私の働くクリニックにはリワークプログラム専門の部署があり、私はそこをメインに働く一方、一般のクライエントのカウンセリングも行っています。

リワークとはReturn to workを略した言葉で、復職支援のことです。カウンセラーが支援していてもいなくても、何らかの疾患や不調で休職した従業員が職場に復帰する際には、さまざまなサポートが必要になります。カウンセラーが復職支援する場合、休職中の生活についてのアドバイス以外に、休職したことによる不安や焦りを和らげたり、クライエントが元気になってきたら、休職要因や再発予防についても話しあえるような心理的なサポートが望まれます。

復職を支援するプログラムのことをリワークプログラムと呼びます。このプログラムを行う機関は医療機関をはじめ、自治体の保健所や精神保健福祉センター、国の障害者職業センター、最近では株式会社など、さまざまな運営母体があります。国や自治体が開いているリワークプログラム機関の場合は、プログラムの機関が独立しているので、心療内科

Cさんの1日

9:00～	出勤／クリニック内清掃
9:30～	スタッフ朝のブリーフィング リワークメンバー出欠電話対応
9:45～	メンバー来所
10:00～	リワーク開始 ・朝の会 ラジオ体操、朝の体調モニタリング、呼吸法 ・各プログラム活動 グループディスカッションや個人面談など ・終わりの会 帰りの体調モニタリング ・掃除
13:00～	リワーク終了 スタッフ昼休み
14:00～	スタッフブリーフィング 個人の記録の記入、翌日のプログラム準備
15:00～	・外来業務 ・初診インテーク面接 ・個別カウンセリング ・リワーク新規患者受付面談、卒業生フォローアップ面談 ・ケースワーク業務（職場との連絡調整や就労支援など） ・リワークメンバー報告書類作成 ・リワークプログラムコンテンツ作成や見直し ・職員会議やカンファレンス
18:00	退勤

などは併設されていません。その場合は、別に医療機関に通いながら、リワークは国や自治体の機関で行う形になります。

私が働くクリニックでは、当クリニックに通院するクライエントを対象に復職を目指して、再発予防の計画を立てるためにセルフケアやストレスマネジメントなどの学びの場を提供しています。ただし、クライエントは休職中の方に限ります。仕事がない、「求める」方の求職になると、プログラムの内容が変わってくるので、戻る職場があるクライエントを対象にするのです。

そもそもリワークは気分障害（うつ病・躁病・双極性障害など、長期間にわたって感情が不安定になる障害）を持つクライエントのためにつくられたプログラムで、当クリニックのクライエントもうつ病の方が多く、中にはパニック障害や不安障害を併発している方もいらっしゃいます。

リワークプログラムでは、グループセラピーという手法を用いることが多いです。グループセラピーとは、集団の場で、参加者同士が共通の目的を持ち、それぞれの問題に対する理解や課題解決・問題対処のスキルを高めることで、症状の改善を図るアプローチです。同じ障害を持つクライエント同士だからこそ、お互いの苦しみや喜びを理解しあえたり、孤独にならずにいられたり、他のクライエントのストレス対処法を参考にできたりと、グループセラピーにはさまざまな効果があります。

現在当クリニックには、私を含めて3人のカウンセラーがいて、私は精神保健福祉士と公認心理師の資格を持っています。もうひとりのカウンセラーも公認心理師と産業カウンセラーの資格を持っており、一般企業で務めた後キャリアチェンジをし、当院のリワークに入職しました。

産業領域では、こういったキャリアチェンジが比較的多いように感じます。元会社員の方が臨床心理士の資格を取って、カウンセラーになることもあります。他の職場とは少し異なる部分でもあるかもしれません。さまざまな職種を経験した方と、協力しあいながら支援を進められるのは、とても新鮮で興味深いです。

基本的に勤務は月曜日から金曜日まで、定時は9時から18時です。9時に出勤して、9時30分からスタッフで朝のブリーフィング（短いミーティング）を行います。主な内容は、その日に行う仕事の分担や確認、リワークプログラムの準備などです。

10時からリワーク活動の開始となります。当クリニックでは、まずみんなで一緒にラジオ体操をしながら、今日の体調をモニタリングして言語化してもらいます。また身体からのアプローチを大切にしているので、ストレス解消法のひとつとして、マインドフルネスを意識した呼吸法を行います。

私が働くクリニックのメインプログラムは、集団認知行動療法とヨガの先生によるヨーガ療法、そして、個別面談によるアプローチです。その他、SST（ソーシャルスキル・トレーニング：社会で、人と人とがかかわりながら生きていくために欠かせないスキルを身に付けるトレーニングのこと）や、オフィスワークに戻るためのトレーニングの一環としてパソコンでのレポート作成など、個人作業も行います。また、リワーク中に20〜30分面談形式で現在の進捗状況を確認したり、クライエントが悩んでいることを聴いたりもします。

最後にもう一度体調のモニタリングをして終了となります。頑張りすぎてしまうタイプのクライエントは、自分の心身の不調を疎かにしがちなので、「きちんとモニタリングして自分の状態を把握しないと対策を練ることができない」と、口を酸っぱくして言っています。

リワークプログラムにはショートケア（3時間）とデイケア（6時間）があり、当クリニックはショートケアなので13時終了となります。お昼休憩は1時間取って、14時から午後の仕事に入ります。スタッフブリーフィング、リワークに参加したクライエントの個人記録の記入、翌日のプログラムの準備を行い、15時から外来業務となります。

午後の外来業務では、リワークプログラムとは別の初診インテーク面接（初回のカウンセリングのこと。とくに気を付けて主訴を聴いたり、クライエントの心が落ち着き、信頼を築けるような場をつくる）や、一般のクライエントの個人カウンセリングも行いますし、リワークプログラムにはフォローアップ制度をつくっているので、希望があれば卒業生との面談などを行います。

事務作業としては、リワークメンバーの終了報告書を作成します。リワークプログラムの終了時に、クライエント本人と主治医、希望されれば職場向けに「こういう様子でしたよ」「今後こういうところが課題になるので、こういう工夫をするといいですよ」とお伝えする資料のようなものです。

また、毎週月曜日には全職員が集まるスタッフブリーフィングがあり、1週間のクリニックの流れや方針を確認します。さらに、不定期で対応が難しいクライエントのケースについて、関係スタッフや医師も含めてグループで検討する場をもうけます。

現在私は、リワーク担当のカウンセラーですので、病状が安定したクライエントさんを受け持つことが多いです。そのため、残業になることはあまりありません。退勤後は、研究会に参加しています。現在はオンラインでも参加できるので、いくつかの研究会に所属して、自宅で活動を続けています。

私は、高校生の頃から「人が生きる」ということに興味があり、とくにマイノリティの立場に置かれている人びとも平等に自分らしく生活することを支援するために、その方たちの困りごと、大きくはその方たちから見える世界のあり方を知りたくて、この仕事を選びました。

今は「働く」を軸に、集団と個別の両面からクライエントの世界にアプローチできるリワークプログラムにやりがいを感じています。

◎市の療育センターで働く新人カウンセラーDさん

私は、市の「療育センター」というところで働いています。療育センターとは、障害のあ

Dさんの場合

8:15	センター到着
8:15～	検査の準備、事務作業
9:00～	発達・知能検査の実施
11:00～	片付け、午後の準備、所見作成など
12:00～	休憩
13:00～	個別指導
14:00～	片付け、準備、所見作成など
15:00～	個別指導
16:00～	片付け、ミーティング、事務作業など
17:15	退勤

る（また、その可能性がある）子どもとその親が通う施設で、特性に応じて保育・教育・支援を行っています。

具体的には、医師による診察や診断、理学療法士（けがや病気などで身体に障害のある人に対して身体の動きのリハビリテーションを行い、支援する専門職）や作業療法士（身体機能の治療だけではなく、食事・着替えなどの生活に欠かせない行為の訓練や、社会に参加・復帰するための訓練、さらに精神・心理面の領域についてもかかわる医学的リハビリテーションの専門職）、言語聴覚士（ことばによるコミュニケーションに問題がある人に支援を行う専門職）による評価と訓練、カウンセラーなどによる評価と療育指導、グループや個人の療育の支援など、主に小学校以前の子どもたちの発達を支援しています。

ここに通っている子どもたちは、発達に特性があったり、集団生活への適応が難しかったり、身体的に障害があったりなどさまざまです。グループは、発達に特性のある子ども、身体的に障害がある子ども、というようにある程度クラスが分かれています。私はその中で、発達に特性のある子どもの個別指導やアセスメントを担当しています。

私がこの職場を選んだ理由は3つあります。まず、発達に特性のある子どもに関心があったこと。そして、JASPER（ジャスパー）という子どもの発達を支援するプログラムに興味があったこと。最後に心理職のベテランの先輩がいらっしゃることです。心理職の場合、自分ひとりしかカウンセラーがいない職場や、同僚が少ない環境が多いのですが、ここでは常勤の心理職の先輩たちから、さまざまなことが学べます。

私は非常勤なので、週3日センターに通っています。朝は8時15分頃に出社し、まず発達や知能の検査の準備や、事務作業を行います。事務作業というのは、検査の後に書く所見（検査の結果や様子をまとめ、その検査の結果を踏まえて生活の中でどのような工夫ができるかという助言を書面に起こしたもの）の用紙を用意したり、他の先生が書いた所見に誤りがないかチェックしたりといったことです。

その後、9時から検査を始めます。午前中に行う理由は、就学前の小さな子どもが多いのでお昼寝の時間帯に被らないようにするためです。子どもひとりに対しカウンセラー2人態勢で行います。検査にかかる時間は一人ひとり異なりますが30～90分程度、その後親の聞き取りを含めて約2時間で終了します。検査終了後は、所見を作成し午後の個別指導の準備をしてお昼休憩に入ります。

午後の個別指導では、各カウンセラーが子どもひとりを担当し、遊びを通して子どもの言葉やコミュニケーションの力を伸ばすJASPERのプログラムを行っています。ベテランの先生の中には、いくつかの課題を子どもに合わせて組み立てて、力を育てるような指導を行っている方もいらっしゃいます。

実際のプログラムがどういったものかというと、おもちゃをたくさん用意して、そのおもちゃで子どもと遊ぶというのが大きな枠組みです。遊びのレベルは大まかに4段階に分けられ、レベル1だと車のおもちゃを動かす、ボールを転がすなどの簡単な遊びを行います。レベルが上がると、複数のおもちゃを組み合わせて遊んだり、おままごとのようなイメージを使うおもちゃを使ったりします。私たちカウンセラーと一緒に遊ぶ中で、人と気持ちを共有すること、また人に対して上手に意思を伝える力を伸ばす支援をしています。その間、もちろん保護者とお話しすることもあります。

16時に個別指導が終わると、事務作業の他、必要な場合はミーティングを行います。ミーティングの具体例としては、事務連絡だけというときもあれば、私の働く療育センターだけではなく、さまざまな子どもが直面している困りごとを、同僚や先輩方と一緒に検討していく「ケース検討」を行うときもあります。具体的には、JASPERの事例を検討したり一緒にビデオを見ながらケースの検討をしていきます。このミーティングは、心理職だけで行うこともあるし、医師や他の保育系の保育士が参加したりすることもあります。

ミーティング後は、今日のケースをふりかえったり、所見をチェックしたりして17時15分には退勤します。私はまだ新人でできることも少ないので、基本的に残業はありません。このセンターはベテランの先生たちも定時に帰る方がほとんどです。

また、退勤後、月に1回は勉強会に参加することもあります。

◎司法・犯罪領域で活躍する心理学の専門家とは？

カウンセラーは、心理学の専門職です。しかし、心理学の専門職＝カウンセラーではありません。そう言える典型例を、司法領域で見ることができます。

日本の法律では、公認心理師が活躍する「主要5領域」のひとつに「司法・犯罪」がありますが、じつはこの司法・犯罪領域には、数千人の心理職等が半世紀以上も前から活躍しています。その多くは「公務員」です。「社会の安全のため」という大きな目標を共有し、犯罪加害者、被害者、その周辺の人びと（家族等）、そして一般市民を対象にした業務を行っています。ここでは、司法・犯罪領域の心理学の専門家について紹介します。

司法・犯罪領域でもっとも身近な公的機関は、警察でしょう。未成年の問題行動に関する相談は、「少年相談」と言って、警察における重要な業務のひとつです。子どもが非行に走ったと悩む家族、教師、ときには非行をしている本人も相談に訪れ、どうしたら非行をしない生活ができるか、専門家が相談に乗っています。また、犯罪被害者への支援にも、心理職が従事しています。

もうひとつ、警察機関には心理学の研究職がおり、犯罪捜査のみならず、防犯や犯罪理解に関する研究をしています。すぐに思い浮かぶのは、テレビドラマ等でしばしば見る「科学捜査研究所（略して科捜研）」でしょうか。科捜研は各都道府県に設置されていて、実際の犯罪捜査に役立つ研究を行っています。ここに心理学の専門家も参画しています。また、科学警察研究所という国の施設では、犯罪捜査に加え、犯罪の動向、安全な社会を創り出すための政策を考えるため、多様な研究を行っています。

次に裁判所の心理職についてです。裁判所といってもじつは何種類かあるのですが、心理的援助を行うのは、家庭裁判所、略して「家裁《かさい》」です。家裁は、非行や家庭に関する色々な問題やもめごとを扱います。非行に走った未成年に「処分」を言い渡すのは家裁の役割です。未成年の場合は、「裁判」ではなく「審判」と呼び、少年法という特別な法律に基づ

法務技官の１日

8:00〜	出勤、前日退庁後の所内の動きの把握
8:30〜	始業、前日の少年たちの動静引継ぎ
9:00〜	担当する少年への個別面接開始
11:00〜	ケース理解のための会議
13:00〜	心理検査の実施
14:30〜	外来の電話相談の受理
15:00〜	レポート作成
16:00〜	家庭裁判所調査官と事例検討
16:00〜	１日の業務のまとめ
17:00〜 翌朝	保安事務当直勤務（仮眠時間あり）

いてこれが行われます。

家庭裁判所調査官は、非行少年に詳細な調査を行います。どんな事件で、どのくらいの損害が出ているのか、非行を起こした少年はこれまでどんな生活だったのか、家族関係や友人関係はどうか、社会の中に「受け皿」があるかなどを個別に調べ上げ、その結果は審判に資することになります。

未成年は、まだまだ人格が発展途上にあります。それだけ立ち直れる可能性も高いと考えられるので（これを可塑性《かそせい》といいます）、家裁での調査は重要です。非行少年と家庭裁判所調査官の真剣なやりとりが、カウンセリングと似たような影響を生むこともしばしばあります。

さらに、家庭裁判所調査官は、家庭内のもめごと、たとえば離婚、離婚後の子の親権や養育費の問題、財産分与、相続などの問題解決も扱います。

法務省にも心理学の専門家が勤めており、心理的支援を行う専門家が大きく3種います。①法務技官、②法務教官、そして③保護観察官です。

法務技官という心理職は、一部研究職に就く人もいますが、大多数は少年鑑別所、少年院、刑務所といった施設において、実際に非行少年や受刑者に会って話をします。また、心理検査等も行います。その結果をレポートにまとめ、その後の処分や処遇に役立たせます。

たとえば少年鑑別所では、家裁で審判を受けることになった非行少年に対して、面接を行い、じっくりと話を聴き、彼らの心身の状態を詳しく理解していきます。また、地域に生活する人びとに対する、非行犯罪防止にかかわる相談活動も行います。

法務教官も、少年鑑別所、少年院、刑務所で働いていますが、中でも少年院では、非行少年に「矯正教育」を行います。少年たちの毎日の暮らしを見守り、支え、教育し、ときにはともに体を動かしたりもしながら、少年たちの成長（社会復帰）を助けます。

保護観察官は、裁判や審判の後、あるいは刑務所や少年院を出た後、社会の中でその人たちが二度と犯罪や非行に走らないように指導・支援する専門家です。心理学などを活用しながら、支援活動を行っています。

カウンセラーのキャリアとライフプラン

あなたが安定した生活を望むのであれば正規雇用を選ぶことになりますが、現状では新卒での正規雇用というのは募集が少ないため、公務員になるのが1番です。たとえば、家庭裁判所の調査員は国家公務員ですし、東京都の児童相談所に職員として勤めるのであれば、地方公務員となります。

たとえば、東京都の職員に応募して、子ども家庭支援センターや都立病院で働いている私の大学の卒業生もいます。東京都以外の地方公務員になり、児童相談所で勤務している卒業生もいます。公務員になれば、産休も育休も取ることができ、とくに女性の働き方としては自由度が高くなります。

さらに、雇用形態が常勤か非常勤かで、働き方も変わってきます。常勤であれば必ず雇用保険に加入できますし、さまざまな手当ても付くので安定しています。とにかく安定を求めているのなら、常勤の仕事を探すのがよいでしょう。

非常勤の場合は、いくつかの職場を掛け持ちすることが多いのですが、あえてはじめの職場に非常勤を選んである程度実力を身に付けてから、常勤の仕事を探すという人もいます。

たとえば、先ほどのDさんは、子どもの療育に関する業務を希望していました。そのとき、ちょうどある市が新しく療育センターを立ち上げるため、常勤の心理職を募集しており、募集案内が大学院にもきていました。

ちょうど彼女は実習先の療育センターでも、週3日の非常勤に誘われていました。そこは数人の常勤の心理職がおり、さまざまなアドバイスを受けることができるというメリットがありました。大学院を卒業したばかりの新人で、ひとり職場でやっていく自信がないという思いもあったようです。私は、

「色々な先生や先輩に聞いて、ひとりで抱え込まず一緒につくっていくという気概があるなら、常勤でチャレンジしてみたら？」

とアドバイスをしました。そこで、彼女は実習先の非常勤の先生に相談をしたそうです。すると、

「常勤のお誘いはめったにないのよ。こちらはどちらでもいいから、あなたのいいようにしなさい」と言ってもらったそうです。

彼女は悩んだ末、非常勤の職場に決めました。それから2年経ちましたが、彼女は、

「ここに決めてよかったです。すごく勉強になります。ここで力をつけて、いずれは常勤の仕事を探したいと思っています」

と言っています。

また、公認心理師や臨床心理士の資格を取ったからといって、万々歳ということにはなりません。資格を取ってもどうしたらよいのかわからず、悩むことがほとんどです。カウンセラーの仕事を始めても、地道に勉強をしていくしかありません。

約30年前、非常勤でもスクールカウンセラーは時給が高い仕事でした。１９８０年代に学校での不登校やいじめが問題になり、１９９５年に当時の文部省が「スクールカウンセラー活用調査研究委託事業」を立ち上げ、全国にスクールカウンセラーを派遣したことから、スクールカウンセラー活用事業が始まりました。そのため国の予算がついていたのです。ですから、掛け持ちしている人も、ある程度の収入を得ていました。

しかし、その後の生活を考えれば、いつ終わりがくるかわからない、このような研究事業に頼った収入は不安定です。「安定を望むのであれば常勤を選ぶのがマスト」と言いましたが、Ｄさんのように、非常勤を掛け持ちしながらある程度実力をつけ、やりたいことを見つけてから常勤の仕事を探していくという人は大勢います。

自分のキャリアを自分で選び、日々現場で勉強し、自分も成長しながら仕事を進められるというのはひとつの強みかもしれません。いずれにせよカウンセラーは、就職したからといって一生安泰というわけにはいきません。日々スキルアップが求められますし、勉強は一生続くのです。

ところで、いつまでカウンセラーの仕事を続けられるか、疑問を持ちませんでしたか？じつは公認心理師法や、臨床心理士の資格認定協会で、定年は定められてはいません。ですが、一般的に公務員は定年までということになります。

私の先輩たちを見ていると、70歳・80歳になっても、カウンセラーの仕事を続けている方がいらっしゃいます。「来てほしい」と言われれば、何歳でもできる仕事です。続けたいと思えば、定年はありませんから。

でも、いつまでも続けられるというのは、引き際を自分で考えることが求められているともいえるでしょう。心の問題は社会の問題を映し出す面もあります。また、臨床心理学も日々進歩しています。今の社会の変化をキャッチできるアンテナと、新しい知見を学び続ける意欲がなくなったら、やめどきかな、と私は考えています。何歳まで続けるか？という問いの答えは、自分がどんなカウンセラーでありたいかにつながるでしょう。

今求められているカウンセラー

今、カウンセラーを目指している人たちを見て感じていることがあります。それは、人の心にはとても関心を持っているけれど、世の中や社会にはあまり関心がない人もいる、ということです。その人たちの多くが「心に興味がある」と言って、個人の心だけを見ようとしています。

でも、個人個人の心がどこで育ってきたかというと、社会の中で育ってきたわけです。そして、個人の困難がどこで起きているかというと、これもまた社会の中で起きています。だからこそ個人を見るのも大切ですが、背景にある世の中を見ることが重要です。

つまり、社会に対して目を向け、世の中で起こっていることに対して常に考え続ける姿勢を持つ人が、今求められるカウンセラーなのではないでしょうか。

私が勤めている小児科のクリニックでは、保護者の方からお子さんのさまざまな相談を受けています。その中でとても多いのが「みんなと同じように○○ができない」という悩みです。

もちろん、保護者の方の悩む気持ちはわかります。しかし、一方で「みんなと同じ」というあいまいさについていつも考えさせられます。

金子みすゞの詩、「みんな違ってみんないい」でうたわれているように、人は一人ひとり違う存在であり、それを素晴らしいという考えに多くの人は賛同するでしょう。しかし、わが子についてはみんなと違うことに不安を覚えるのも親心の実際なのです。

一方、子どもたちから「ふつうになりたい」という言葉をきくこともあります。「みんなと同じように○○ができるようになる」「ふつうになる」がクライエントにとってどういう意味があるのか、世の中で幸せに生きていくために「みんなと同じ」「普通である」とはどういうことなのか……。このように、カウンセラーはクライエントの言葉（たとえば「ふつう」「みんなと同じ」）をクライエントの立場にたって聴くこと、クライエントが何を求めているのかを考えながら聴くことが求められます。

子育てのゴールはなんでしょうか。親はわが子が幸せな人生を送ることを望んでいるでしょう。しつけは、そのために行われるもの、親が手を離しても自分で歩んでいけることを願ってするものでしょう。しかし、ときどきそのゴールを見失うこともあり得ます。

あるとき私に、クライエントであるお子さんが次のようなことを言いました。

「あぁ、明日僕の嫌いな体育の授業がある。学校に行きたくないな」

すると、親は子どもに「ネガティブな発言はやめなさい」と言い、私には「子どもがネガティブな発言ばかりするので、困ります」と相談してきました。

ネガティブな発言をすることは、なぜ困るのでしょうか？　いやなものをいやだというのは悪いことでしょうか。

親がいやなのはそのことではなくて、その後の行動なのかもしれませんし、もしかしたらネガティブな発言をききたくないという親の気持ちが、「困る」という言葉の中にあるのかもしれません。いやなことをいやだということ自体は悪いことではありません。自分の気持ちを伝えられるというのは大切なこととも考えられます。

また、クライエントが思春期の子どもである場合、思春期の子どもが考える「ふつう」と大人が考える「ふつう」が違うこともあります。

そこを意識して思春期の子どもたちの声を聴くことが大切です。自分の「ふつう」をわきに置いて、彼らが「ふつう」と思っていること、彼らの悩みや考えを聴くことができないと、決定的なズレが生じてしまうでしょう。そうすると、相談した子どもたちはどうせわかってもらえないと感じ、話さなくなるかもしれません。

同じような例は、産業や司法・犯罪領域など、色々な場面で考えられます。どの現場で働くことになっても、今社会で何が起こっているのかを知ることが大事です。さらに、そのことに対して、自分がどのような価値観を持っているのかを把握していないと、カウンセリングをする中で無意識のうちに、クライエントを非難してしまうかもしれません。

たとえば、職業差別の問題です。もしカウンセラーが「水商売は、危険な職業だ」とネガティブな印象を持っていたら、クライエントの職業が水商売だとわかったとき、どこかで批判的になり、態度や言葉に出てしまうかもしれません。

つまり、カウンセラーには、自分のことも社会のことも知っていること、個人だけでなく個人が生きている社会にも関心を向けていることが、求められます。

2章
カウンセラーを目指して

最初からカウンセラーになろうとしたわけではなかった？

私は、岡山県の南側、瀬戸内海沿いの気候の温暖な土地で生まれ育ちました。両親は北海道の出身で、父の仕事の都合で岡山にきたそうです。

雪かきをする必要もなく、災害もほとんどなく、年中温暖な気候が気にいったのだと、子どもの頃に聞かされました。札幌育ちの母はゴキブリをみたことがなく、はじめて見たときに、「岡山にはカブトムシがたくさんいるんだ！」と感激したというのですから呑気なものです。

温暖とはいうものの夏はさすがに暑く、夏休みに入ったとたんに、母は私と妹2人を連れ、仕事のある父を残して、毎年、札幌の実家に帰省していました。

あくまで個人的な感覚ですが「札幌の人は優しいけど、岡山の人は怖いな」と子どもの頃は思っていました。方言のせいもあるかもしれませんが、強い口調なんですよね。私はぼんやりとした、空想の世界に生きているような子どもだったので、とくにそう感じたのかもしれません。

小学校から高校までは、地元の公立の学校に通っていました。地域にはいろんな子がいました。やんちゃな子、頼りになる子、おとなしい子、運動が得意な子、勉強が得意な子、不良っぽい子、優等生の子、おませな子等々。いじめられっ子もいじめっ子もいました。また、経済的に貧しい家庭もあったと思います。

ですが、それらを含めたコミュニティであって、さまざまな性格や家庭の人たちが当たり前のように共存していたように思います。今、「多様性を認めよう」とよくメディアなどでいわれていますが、私の子ども時代をふりかえると「多様」が日常であったと感じるのです。

私は、今、発達臨床心理学を専門にしています。発達臨床の世界では、近年、神経学的多様性（neurodiversity）、つまり、脳のあり方は多様であり、発達障害を神経学的多様性という視点からみる、ということがいわれていますが、私の中の「多様性」のもとは子ども時代の体験にあると感じます。

じつは、私は学生時代には、将来カウンセラーになりたいとはまったく思ってもいませんでした。ファッション雑誌を見ては、親友と「この服かわいいよね、これ原宿のお店で売っているんだって」とたわいもないお喋りを楽しんだり、一人暮らしに憧れたりするような、普通の高校生でした。

東京で一人暮らしをしてみたいという思いが強く、同様に東京の大学に行きたいと言っていた親友と、「2人で東京の大学に進学して一緒に暮らそう」と盛り上がっていました。「家を出たい」と母に言ったら「ごはんをつくれないとダメでしょ」と言われ、分厚い料理本を渡されて、週1回の食事当番を任される、なんていうエピソードもありました。

当時を思い出して、カウンセラーにつながるようなことがあるとしたら、友だちから相談を持ち掛けられることが多かったということくらいでしょうか。また、高校の授業では「倫理」が好きで、哲学者の話などを読んで、おもしろいなぁと思っていました。

大学での進路を決定するときに、新聞学科か心理学科で迷いました。新聞学科を希望した理由は、小学生の頃から高校生までずっと、学級新聞をつくるのが好きだったからです。人の話を聞いて、それを記事に書き起こすことが得意で、魅力を感じました。

一方心理学科を希望したのは、夢に関する心理学の本を読んで、「へえ、こういう学問もあるんだ。おもしろそう」という漠然とした理由でした。最終的に心理学科に決めたのは、「心理学ってよくわからない」と思ったからです。臨床心理学を学びたいと明確に志があったわけではなかったのです。

ところが入学してから知ったのですが、その大学は当時、臨床心理学を学べる数少ない大学だったのです。当時は心理学科というと、心の法則性を統計を取って明らかにする「実験心理学」や、社会の中で人がどのような行動をとるのかを分析する「社会心理学」、心の動きを発汗や心拍などの指標から分析する「生理心理学」などが多く、臨床心理学はマイナーなジャンルでした。そんな中、その大学の心理学科は歴史もあり、臨床心理学の有名な先生も在籍していたので、私の周りはカウンセラーになるために臨床心理学を学びたい、という志の高い学生ばかりでした。

それにひきかえ私は、岡山の田舎からぼんやりと出てきて「テニスサークルに入りたい！」「心理学？　なんかおもしろそう」という理由だけで入学したので、同級生たちの勉強に対する熱量の高さを目の当たりにして「私はこんなに勉強はできない」と、半ば諦めてしまった部分もありました。ですから、私は大学時代、ほとんど心理学の勉強はしていないと言ってよいかと思います。

当時はまだ臨床心理士資格もなく、心理職といえば家庭裁判所の調査官や矯正心理専門職、防衛省の研究職（心理）などの国家公務員くらい。つまり、心理学で食べていけるのは、ほんの一握りの超優秀な人たちだけでした。

そのような時代背景もあり、将来は手に職をつけたいと思っていたので、食べていけるかわからない心理学は置いておいてキャリアウーマンを目指すことにしました。社会に関心があったのも事実です。幼い頃から、自分に社会性がないということもわかっていましたから、地に足の着いた生活を目指して頑張ろう、と思っていたこともあります。

ところが、卒業論文を書くときになって、はじめて「心理学っておもしろい！」と思ったのです。卒論のテーマは、「身体満足度」に関するものでした。たとえば、自分の体のどこに満足しているか、他者から見られたとき自分の体のどこが魅力的だと思われているか、自分が異性を評価するときはどうか、というようなことの調査が中心となります。

この「身体満足度」は「拒食症」と関連が深く、当時ポップ・ミュージック・グループ「カーペンターズ」の女性ボーカルである、カレン・カーペンターがこの病気で亡くなったことも相まって、世間では拒食症がクローズアップされていました。私も興味が湧き、摂食障害の入院治療をしている病院に通って、会議に参加させてもらったりしていました。

そしてその病院で、私は拒食症の陸上選手と出会いました。彼女はトップアスリートだったのですが、体重管理を徹底しすぎて拒食症になってしまったのです。陸上が大好きで、一生懸命真面目に頑張ってきたのに、走れなくなってしまうなんて……。そんな彼女を見ているうちに、

「どうして好きなことを頑張っているはずなのに、病気になってしまうのだろう？」と、はじめて人の心の不思議さを感じ、心理学をもっと勉強したいと思ったのです。

卒論を書きながら、「もう少し心理学を勉強してもいいかな」と思ったのですが、すでに一般企業への就職も決まっていたので、一旦心理学とは距離を置くことになりました。

一般企業で働いた日々

私は、憧れのキャリアウーマンを目指して、新卒採用で女性が活き活きと活躍できる会社に就職しました。先輩の女性社員が楽しそうに働いているのを見て、決めたのです。しかし、部署を志望するときに、希望部署と似て非なる部署を書いてしまうという失態を犯して、まったく考えてもいなかった「経理部」に配属されてしまったのです。「自分が思い描いていた仕事じゃない、こんなのいやだぁ！」と思っていました。

いろんな事件がありました。たとえば、エクセルの入力を間違えて上司に怒られたことがあります。たしか、100万円ほど間違っていたのですが、大企業にとっては微々たる金額です。何度やっても合わず面倒になり、ついその上司に向かって、

「100万円なんか誤差ですよ」

と言ってしまったのです。すると、やはり、

「お前、ちゃんとやれ！」

と怒鳴られてしまいました。ムッとした私は、

「100万円でそんなことを言うなら、全部システム化すればいいのに。システム化せずに手入力しているから、誤差が出るんですよ」

と言い返しました。そうすると、その上司は私に向かって、

「システムの開発費よりお前の人件費の方が安いんだよ」と言ったのです。

私は「確かに人件費の方が安いかもしれないけど、長い目で見たら開発した方がメリットは大きいのに。この上司は絶対出世しない。仕事ができない奴だ！」と心の中で悪態をついたのですが、上司の言うことは事実ですし、それ以上は言い返せませんでした。

このように情けないこともありましたが、私がブツブツと文句を言っていると、「まあま

あ」と話を聞いてかわいがってくれる同僚や先輩もいました。また、忘年会ではみんなで出し物を考え、衣装まで手づくりしたこともありました。このようにノリのよさが特徴の社風だったので、みんなで一緒に何かを作り上げる楽しさも知ることができ、社会勉強にもなりました。今でもその会社の友だちと付きあいは続いているのですが、みんなおもしろい人たちです。

会社という組織に馴染まない部分はありつつも、就職したおかげで組織がどういうものなのかわかったのはよかったと思います。この経験は、産業カウンセラーとして社風を考えるときや、スクールカウンセラーとして学校という組織を知り、色々な人と連携を取るときにも、役に立ったと思います。

さらに、自分の苦手なことや嫌いなことを知ることは、カウンセリングを行ううえで大切であることは、第3章でも改めてお話しますが、自分を知るという意味でも、会社員としての経験は、それからの私にとって必要不可欠なものとなりました。私にとっては宝物です。当時の上司の方、先輩や同期の方に、この場を借りてお礼を申し上げたい気持ちです。生意気な私をかわいがってくださってありがとうございました。

ところで、大学卒業とともに心理学とは距離を置くことにしたのですが、じつはその縁はつながったままでした。一般企業に就職したものの、摂食障害の病院で知りあったお医者さんや臨床心理士さんたちとお話するのがおもしろかったので、月に1度その先生のところに、勉強を兼ねて遊びに行っていたのです。

その先生は、EAP（従業員支援プログラム）を開発する人たちとチームをつくって、企業のメンタルヘルスを研究で扱っていました。自分も企業に勤めていたものですから、先生方のお話を聴くと「あぁ、大事よね」と、妙に納得してしまったり。とにかくその時間がおもしろかったのです。

そこで、夜間の大学院の試験を受けたのですが、残念ながら不合格に。私は、「いっそのこと会社を辞めて、正規で大学院に入学しよう。そして、卒論を書いていた頃の気持ちに戻って心理学を勉強しよう」

と思い、一般企業に勤めること1年3カ月、最初のボーナスをもらってから退職しました。

勤めた期間は短かったですが、その後の人生にとって働くことの意味を知ることができたのはよかったです。働く中で思い通りにならないことはたくさんあります。自分も経験しているからこそ、会社組織で苦労するクライエントの状況が想像できることもありました。

臨床心理士を目指して

会社を辞めて心機一転、大学院に挑戦するための勉強を始めたのですが、生活もしていかなければなりません。すると、卒論を書くときにお世話になった摂食障害の治療を行っていた病院の先輩や、ＥＡＰにかかわっていた企業の人、周囲の人たちが、アルバイトを紹介してくれました。ひとつは、大学病院の心療内科の医局での事務。もうひとつは、本の輸出入の書類を作っている会社です。

会社を辞めたものの、経済的にも女性は自立するべきという子どもの頃からの教えがあったので、実家に頼るという選択肢はありませんでした。周りの同期や先輩を見ても、心理職だけで生活できている人は少数でした。

「生活していけるのかな……」

そこで思いついたのが、アメリカの大学院に留学して、心理学の資格を取ることでした。もし帰国して心理の仕事がなくても、英語を教えたり、翻訳の仕事をするなど、英語を使って色々な手段で稼ぐことができると思ったのです。

周りの人に「アメリカの大学院で臨床心理学を学んで資格を取ろうと思います」と話していたところ、本の輸出入にたずさわっている会社の社長が、

「若者が頑張っているのはいいことだから、うちでアルバイトをしなさい」

と声をかけてくださいました。社員と同じような待遇で雇っていただけたのはありがたかったです。また、医局でのアルバイトでもかわいがってもらえて、勉強会に参加させてもらうなど、さまざまなことを教えていただき、後に大学院での研究テーマを見つけるきっかけにもなりました。

当初はどこにも所属していないという心もとなさや、先行きが見えない不安でいっぱいでしたが、周りの支えてくれる人たちのおかげで、勉強とアルバイトの日々を結構楽しむことができました。多くの人のサポートがあったおかげで、目の前にある、自分がおもしろいと思ったことに、全力で取り組めたのだと思います。

こうしてしばらくはアルバイトと勉強に精を出しながら、大学院で何を学ぼうかと考えていました。当時の心理学はフロイトが始めた精神分析という、普段の生活などでは抑えなければならない心の奥深くの欲望によって引き起こされる心の葛藤をクライエント本人に気付かせたり、受け入れさせたりするための心理療法が主流だったのですが、私は、

「精神分析は哲学的にはおもしろいけれど、ピンとこないなあ……」

と考えていて、そこまで学びたいという気持ちになりませんでした。

そのときちょうど、卒論でお世話になった病院の先生が「家族療法」という、別の心理療法を勉強されていました。それは、家族をひとつのシステムとしてとらえて、夫婦やきょうだいなど家族間の相互作用をみながら、心理的な支援を考えていくものでした。

この家族療法は当時、日本に導入されたばかりだったのですが、私はおもしろそうだなと思いました。それまでは、精神分析のようにクライエント個人に焦点をあてていく方法が主流だったのですが、家族療法は関係性を見ていきます。この「関係性を見る」という方法に、とても惹かれたのです。

そこで、色々と調べていたら、「家族療法と行動療法」という論文を見つけました。それが私には新鮮で、おもしろかったのです。そこで、大学院では、行動療法を学ぶことにし

ました。

大学院では、行動療法を学ぶことと、修士論文を書くことに集中しました。修士論文の研究テーマは、アルバイト先だった大学病院内の心療内科と音響メーカーの会社、そして私が在籍していた大学院との共同研究による「リラクセーションについて」でした。当時、とあるメーカーがα波を引き出して人をリラックスさせる効果を持つ機器を開発したのですが、本当に効果があるのかどうか調べるプロジェクトの中に、私の修士論文が入ったのです。大変でしたが、たくさんのサポートが得られて、毎日充実していました。勉強しながらアルバイトをした経験が、大学院での研究テーマにつながり心理の世界に入るきっかけになったのです。

臨床心理学は、入口がどこであっても行きつくところは同じだと思います。以前、精神分析の大家である先生と、行動療法の大家である先生が講師をしていた研究会に出席したときに、お2人のやり取りが非常に刺激的で、臨床的に素晴らしく、
「あぁ、山はどこから登っても、頂上は同じなんだな」
と感動しました。優れた臨床家はどこから登っても到達点は同じなのだと感じました。

その研究会で、先生たちが意気投合して語りあう姿に、まさに学問の極致を見た思いがしました。

国立精神・神経センターで子どもの心を考える

大学院を卒業して、「現場で家族療法をやってみたいな」と漠然と考えていたとき、厚生労働省の施設で、脳と心の最先端の研究や支援を行う国立精神・神経センター（現在は、国立精神・神経医療研究センター）の児童思春期精神保健部にいた先生が声をかけてくださいました。行ってみたら、当時の研究テーマがＡＤＨＤだったのです。

ＡＤＨＤは、１９９８年に「ＮＨＫスペシャル」（ＮＨＫのテレビ番組）で紹介されるまで、日本ではほとんど注目されていませんでした。私が国立精神・神経センターに勤め始めた１９９２年には、その言葉すら知らない人がほとんどだったと思います。もちろん、私も知りませんでしたが、部長から指示されるがままに、文献を読んだり、データを分析したりしていました。

そもそも最初は「日本にＡＤＨＤの子どもがどのくらいいるのか」ということすらわか

らない状態でした。ですのでまず、日本の子どもたちの実態を調べるところから始めました。子どものいる家庭をランダムに抽出しアンケートを郵送するのですが、このアンケートは「精神障害の診断・統計マニュアル」内の、ＡＤＨＤの診断基準の18項目（精神医学の世界で世界共通の診断基準として用いられている項目）のリストから作りました。データを集めてみると、日本も欧米と同程度のＡＤＨＤの子どもがいることがわかったのです。

当時、児童思春期精神保健部には一般の方が来られる相談室があり、言葉が遅いとか、引きこもっているだとか、さまざまな悩みを抱える子どもたちと保護者の方が相談に来ていました。その中に「落ち着きがない、じっとしていられない」という、ＡＤＨＤの特徴を持つ子どもたちもいました。

私のはじめてのカウンセラーとしての現場は、この相談室でした。先生が保護者の方と面談しているとき、私は子どもと遊んだり様子を観察したりするのですが、ＡＤＨＤの子どもだけでなく不登校や病気の子どももいて、毎日わからないことだらけ、という感じでした。どう遊んでよいか、どうやって様子を見るのか、悩むことも多かったです。

この職場のよかったところは、スタッフ全員が自由に集まれる部屋があって、相談室であった子どもたちのことを相談できたことです。

「さっきの子、こうだったんだよね」
「あの子にこういうこと言われちゃった」
「全然話してくれなかった、どうしよう」
「泣かれちゃったんだよね……」
「こうだったんだけど、どうかな」

というように、日常の中で先生や先輩と気軽に臨床の話ができる場があったことはとても勉強になりました。第1章でもお話した通り、カウンセラーの現場はひとり職場も多く、相談できないことも多いのです。大学院を卒業してはじめて勤めた職場に、そういった場があったことは今でもありがたかったと思っています。

それ以外にも、研究会の事例検討会にかかわっている事例を出したり、個人的にお世話になっている先生に聞きに行ったりもしました。

とにかく大学院を目指すと決めて以降、常に勉強の日々でした。私は、勉強のための勉強が苦手ですが、必要だから勉強するのは苦にはなりませんでした。

たとえば大学院生のとき、ロールシャッハ・テストという心理検査のテスターのアルバイトをしたことがありました。テストをしたら検査結果のレポートを書かなければなりません。しかし、どう書けばいいのかわからない。目の前に主治医がいて、レポートを書かなければなりません。だから勉強するしかない。それに、クライエントを理解したい、それが仕事だと思うと、勉強のモチベーションも上がりました。

ですから、ADHDの子どもたちに対しても、知りたいから勉強するということを繰り返しました。これは今でもそうです。

児童思春期精神保健部で働き始めた頃にかかわった、今でも印象に残っている子どもがいます。その子は不登校だったのですが、あまりしゃべらないし「どうしたものかなぁ」と悩みながら、一緒に手芸をしたりバドミントンをしたりしていました。そうしたら、あるとき突然、

「先生、私、今学校に行っているんだ。だから、もう来週からここには来られないの」

と言ってきたのです。

「ええ!? そうだったんだ!」

私は訳がわからず、あっけに取られてしまいました。

私はまだ新人で、先輩から「○○ちゃんとセラピーしてね」と言われるがままに「何して遊ぶ？」と聞きながら、彼女にただ付きあっていただけなのですが……。こういうこともあるのです。

よくわからないけど、一生懸命にかかわっていたら、いつの間にか子どもが元気になっていくということは今でもあります。心理学も日々研究が進んでいますが、結局人の心はわからないことだらけです。わからないからこそ、おもしろいのかもしれません。

誰かが話を聞いてくれて、一緒に何かをしてくれる場というのは、支えを必要としている人にとってとても重要なのではないでしょうか。私自身のことをふりかえっても、そう感じます。会社を辞めて居場所がなくなった私に、周りの人たちがアルバイトという場をつくってくれたことから始まって、さまざまな出会いに支えられ、今の私があるわけです。もしもそういう場がなかったら、道に迷ってしまったと思います。

教育相談員・スクールカウンセラーとして

スクールカウンセラーは、心理職を目指している人たちによく知られている職業です。実際私が勤める大学にも、スクールカウンセラーになりたいから臨床心理学科を選んだという学生が大勢います。しかし、スクールカウンセラーは皆さんが想像する以上に難しい仕事です。

1995年に発生した阪神・淡路大震災の直後、私は国立精神・神経センターの仕事で、ある学校を訪ねたことがあるのですが、このときスクールカウンセラーの難しさを実感しました。

その学校には、神戸から避難してきている子がいました。スクールカウンセラーは、心に傷を抱えたその子のセラピーをするだけというわけにはいきません。子どもと話をするにはその前に校長先生と話して、担任の先生と話して……というように、多くの段階がありました。

つまり、スクールカウンセラーは、学校の先生方と連携を取っていかなければならないのです。カウンセラーの原則としての守秘義務（クライエントから聞いた話を、了承なく他の人に話さない）を守りながらも、学校の先生たちに子どもの悩みや困り感を、うまく伝えていく必要があるのです。

スクールカウンセラーは、子どもとの関係をつくる以前に、学校の先生たちとの関係を構築しなければならないので、高い社会性が求められる職業です。学校という組織の中で働くことは、難しさとおもしろさがあるといえます。

そういった現場を見た後でしたので、スクールカウンセラーか教育相談室（カウンセラーが、子どもの育て方や発達についての悩みごとを持つ保護者や、子ども自身の相談に応じる市区町村の施設）での心理相談員か、どちらかの仕事をすることになったとき、当時はスクールカウンセラーとして働く自信がなく、教育相談室を選びました。

それから5～6年後、ある学校のスクールカウンセラーをやってみないかと声がかかり、その間私もさまざまな経験を積んできたので、「よし、やってみよう！」と挑戦することにしました。派遣されたその学校は、当時とても荒れていました。保健室の物が盗まれたり壊されたりするので、休み時間は保健室を施錠しなければなりません。また、給食の時間に外を歩くときは、気を付けないと上の階の窓から給食がお盆ごと落ちてくることもありました。そこで学校は、経験と力のある校長先生を招き、組織改革を行い、私もそのタイミングで着任したのです。

そのときのことをふりかえると、まず、校長先生、教頭先生、養護教諭の先生たちなどとよく話しあったことが思い出されます。市が独自で採用していた学習支援の先生ともよく話しあいました。

何か特別なことをしたわけではありません。でも、とにかくチーム内でのコミュニケーションを密にした記憶があります。

「この子、家でいつもひとりみたいだから、声をかけてみようか」

「あの子、ちょっと困っていそうだから、声をかけてみようか」

問題行動を起こす子どもたちは、自分からはなかなか相談に来ないので、何かのついでに声をかけるとか、挨拶をするとか、まずは子どもたちと顔見知りになることを第一としました。チームがうまく機能してくると、子どもたちも落ち着いてきて、学校自体の雰囲気も変わっていきました。

子どもたちがなぜ問題行動を起こすか、その原因は家庭だったり地域社会だったりさまざまです。ですからスクールカウンセラーは、子ども一人ひとりと向きあうことも大切ですが、学校や地域社会全体を見ることが同じくらい大切なのです。そして、スクールカウンセラーが、人として学校社会の中で受け入れられていなければ、子どもに対してより良いセラピーはできません。

産業領域での臨床

私はスクールカウンセラーに着任したのと同時期に、一部上場企業で非常勤のカウンセラーとして働き始めました。スクールカウンセラーは1年間という短い期間の勤務でしたが、この企業には18年間勤務しました。私は臨床心理士資格を持っていましたが、産業カウンセラーに関する専門の資格は持っていなかったので、企業の中での臨床心理士という立場でカウンセリングの仕事をしていました。

ここで少し産業カウンセラーについて説明しておきましょう。産業カウンセラーとは、一般社団法人日本産業カウンセラー協会が認定する心理職の民間資格です。産業カウンセラー資格は、１９９２年から２００１年までは、労働省（当時）が認可する技能審査資格であり、その期間は公的資格でしたが、２００１年に技能審査から除外されたため、以降は民間資格となっています。

ちなみに、一般社団法人日本産業カウンセラー協会が認定する資格は、産業カウンセラーの他に、その上位資格であるシニア産業カウンセラーや、キャリア形成支援の専門家で2016年4月から国家資格になったキャリアコンサルタントがあります。

一部上場企業など一定規模以上の大企業は、健康相談室の設置が義務付けられており、そこには産業医が常駐しています。中には非常勤の保健師やカウンセラーを置いている会社もあり、私はそういう大企業の非常勤のカウンセラーとして勤務していました。


先ほどお話したスクールカウンセラーと産業カウンセラーは、まったく違うものだと思われがちですが、意外とそうでもありません。産業カウンセラーの業務については、一般社団法人日本産業カウンセラー協会東関東支部のHPによると、

「仕事や職場の人間関係などから生じるストレスや心の問題に対するカウンセリング（メンタルヘルスカウンセリング）のみならず、産業社会における生き方の設計や、近年の人事制度や組織の変更に伴う職業生涯における生き方の再設計とそれに対応する能力開発を支援するためのカウンセリング（キャリアカウンセリング）、また産業場面におけるカウンセリング・マインドの普及・啓蒙など、大きく3つの領域・機能に分けられます」

とあります。つまり、企業の中で心の問題やストレスを抱える人への支援を行いながら、上司や部下などにカウンセラーが連絡し、連携を取ること、また人事や組織にカウンセラー

としてアドバイスをすることなど、現場が学校から企業に変わるだけで、基本的にやることは同じなのです。

しかし、実際の現場では、マニュアル通りにはいかないのも事実です。学校に校風があるように、企業にも社風というものがあります。たとえば、大学を卒業してすぐに就職した企業は「リスクをおそれずチャレンジ」という社風がありました。一方、私がカウンセラーとして勤務した企業は、民間企業とはいえ半分公的機関のような特徴を持っていたため、「リスクは小さく安定を大切に」という風土でした。

ですので、部長や人事部のマネージャーの方たちと話していると、ていねいで婉曲的な表現が多く、私が以前勤めていた企業とはまったく異なるコミュニケーションスタイルに最初は戸惑いましたが、

「あ、これはノーということね」

というように、次第になんとなくわかるようになりました。これも一種の臨床ですね。

また、病院やクリニックだとクライエントしか来ませんが、企業の健康相談室にはクライエントだけではなく、その上司や人事部の人などさまざまな人が相談に訪れます。とくに多かったのが、「こういった場合、部下にどう対応したらいいでしょうか」というような

上司の方からの相談でした。この場合、「この人は、どのような課の中にいて、どんな状況に置かれていて、どういう風な状況にいるのだろうか」ということを理解していないと、助言もズレてきてしまいます。

また、クライエントに対しても、病院やクリニックと企業の健康相談室では対応が異なります。どちらも守秘義務があるのですが、企業内の相談室ではたいていの場合、相談室に行くという行動自体は必然的に上司に伝わることになります。したがって、相談室はクライエントにとっては話しにくい面もありますが、逆に上司や人事部などと連携してクライエントをサポートしやすくなるという利点もあります。クライエントの話を聞きながら、これは上司にも話した方がいいと判断した場合、クライエントに説明をして了解を取ったうえで上司に話すようにします。

企業のカウンセラーとして働き始めた頃は、さまざまな失敗を繰り返しました。たとえば、人事部と一緒にある社員を面接したとき、

「この人はこういうところがあるので、おそらく営業の仕事には向かないです」

と人事部のマネージャーに言ったら、

「あの新人のカウンセラーは偉そうだ」

と気分を害してしまったのです。

このときの私の発言は、病院のカウンセラーであれば、それほど問題にはならなかったと思います。しかし、マネージャーとの関係が十分に構築されていなかった中で、企業のカウンセラーである私のこの発言は、人事部のマネジメントに口を出したと受け取られてしまったのです。

このとき組織の中でどのような役割が求められているかを、考慮したうえで発言することが大切と学びました。組織の一員だということを認識したうえで臨床をしなければならないのは、スクールカウンセラーも企業で働くカウンセラーも同じです。

コミュニケーション能力と繊細さが求められる産業カウンセラーですが、産業カウンセラーだからこそできることもあります。それは、企業内での予防的な介入です。そもそも企業の中のメンタルヘルスの原因の9割は、人事にあるといわれています。器用な人は、どの部署でも対応できますが、中には得手不得手がはっきりしている人もいます。そういう人が合わない環境の中で無理を重ねると、メンタルヘルスの問題を抱えるリスクが高まります。

リワークのプログラムを行っている機関に行っているうちに、

「私がやりたいことは、企業の中に入ってメンタルヘルスの予防をすることだ！」

と気付いた学生がいました。


結局、リワークプログラムを卒業しても、また戻ってきてしまう人がいる。その原因を探っていくと、企業の中に問題があると、彼女は気付きました。そこで、直接的に介入できる人事部で臨床心理を活かして働きたいと考え、就職先を探し、現在人事部の中でカウンセラーとしてメンタルヘルスの問題に携わっています。そんな新しい働き方もあるんですね。

ペアレントトレーニングで親子を支援する

私がペアレントトレーニングに携わるきっかけは、国立精神・神経センターの児童部思春期精神保健部での仕事です。ペアレントトレーニングとは、子どもの問題行動に対して、より効果的にうまく対応できるよう親を支援するためのプログラムのことです。行動変容理論に基づいて開発されたプログラムで、親子関係を温かみのあるものにし、子どもが自尊心を損なわずに育つように、また親も親としての自信が持てるように。そのような関係を支援することも目的としています。

元々ペアレントトレーニングは、知的障害や自閉症などを持つ子どもがいる家族を対象に、1960年代にアメリカで開発されたプログラムです。現在では、知的障害や自閉症、ADHDや、地域の子育て支援、虐待予防など、さまざまな領域に応じたプログラムが実践されています。

当時、国立精神・神経センターに相談にくる親御さんたちはADHDの子どもへのかかわりに、とても苦労していました。そこで、ADHDの研究の本場ともいえるアメリカのUCLA（University California, Los Angeles：カリフォルニア大学ロサンゼルス校）ではどのような介入法があるのか、視察に行くことになったのです。現地ではさまざまなものを見学させていただきましたが、とくにシンシア・ウィッタムさんが行っていた「ペアレントトレーニング」が印象に残りました。

なぜなら、このプログラムに参加している親御さんたちに笑顔があったからです。語られている問題は深刻で、保護者は困難な状況におかれているにもかかわらず、セッションの場にはユーモアと希望がありました。そして、一緒に見学に行った部長たちと、「日本でもやってみたいね」という話になったのです。

ペアレントトレーニングによって、子どもの自尊心を育てることはとても有効です。とくにＡＤＨＤの子どもは、周りの人たちから叱られることが多く「自分はダメな子なんだ」と感じ自尊心が損なわれることで、二次障害が出やすくなります。その心が内側にこもってしまうとうつ病や引きこもりに、外側に向けば暴力をふるったり非行に走ったりするリスクが高まります。

何かができたら、「できた！」と自分でもうれしくなると思いますが「できたね！すごいね！」と一緒に喜んでくれる他者がいる、できたことを認めてくれる他者がいることで、自尊心は育まれていきます。

最初はＡＤＨＤに対するペアレントトレーニングのプログラムをつくり、そこから徐々に対象が広がり、自閉症の特性を併せ持つ子どもも含まれるようになりました。また、大学や研究機関での実施から児童相談所、療育機関、子育て支援センターなど実施場所も広がっていきました。たとえば、児童相談所では虐待をしてしまう保護者に対する支援として「家族再統合プログラム」を行っていますが、そこにペアレントトレーニングを取り入れることになりました。

児童相談所は、児童福祉法に基づいて設置される18歳未満の子どもに関する相談機関です。子ども本人、家族、学校の先生、地域の人たちなど、誰でも相談できます。強い権限を持つことでは検察や警察をイメージしますが、じつは児童相談所もかなり強い権限を持っており、家への立ち入り調査や親子の連絡などの制限、一時保護などの権限も認められています。とくに子どもの一時保護は、親子を物理的に引き離す大変強い権限です。

一時保護された子どもと家族がまた一緒に暮らせるようにするには支援が必要です。先にご紹介した「家族再統合プログラム」は、子どもと親が一緒に遊ぶパートと、子どもと親が分かれてそれぞれ学ぶパートに分かれています。子どもは感情のコントロールなどを学び、親は子どもの問題行動への適切な対処法を学びます。そこにペアレントトレーニングの手法が組み込まれたのです。

ところで、児童相談所のペアレントトレーニングは、それまで行ってきたものとは違っているところがありました。子どもの好ましい行動を親御さんにあげてもらうというセッションがあるのですが、国立精神・神経センターなどで行ったときには、「お皿を下げた」「歯磨きをした」など、子どもが自らしたことが多く話されました。ところが、児童相談所のグループでは「優しい声をかけてくれた」「私の体調が悪いとき、大丈夫と言ってお水を持ってきてくれた」「布団をかけてくれた」など、子どもが親御さんをケアしてくれたことが出てきました。

「あぁ、やっぱり児童相談所に来る親御さんたちは大変なんだな。サポートがないから、子どもが〝してくれた〟ことが『好ましい行動』として出てくる。親御さん自身が満たされていないのが問題なのかも……」

と感じました。

それまでは、虐待をする親たちについての記事を読むと、ひどいなぁとしか思わなかったのですが、私が児童相談所でお会いした親御さんたちは、むしろサポートが少なく困っている方がほとんどでした。中には、生真面目で、人様に迷惑をかけてはいけないという思いが強すぎる方もいました。しつけのつもりで叱っていたのが、厳しくなりすぎていたり、しつけようとしても子どもに発達の凸凹があるためうまくいかず、追い詰められてしまう場合もありました。

ひとり親家庭だったり、病気を持っていたりという親御さんたちが、子どもを育てながら生活することは大変だろうと思うのですが、何か引け目を感じると連絡を絶ち、援助を受けることを拒否してしまう方もいました。声を上げれば周りに助けてくれる人がいるはずなのに、援助を求めることが苦手な方もいることを知りました。

研究者として、カウンセラーとして

このように、さまざまな現場で経験を積みながら、現在は大学で学生たちに心理学を教えています。私がこの大学に来てから10年になります。現在は、専門の発達臨床心理学を教えたり、大学の相談室で心の相談を受けたり、カウンセラーを目指している学生たちを指導したりしています。

さらに、自分の研究についてですが、私は今、発達の多様性について興味を持っています。発達はひとつの角度からとらえることはできません。多面的であり、そのプロセスもひとつではなくいくつもの道筋があります。今までの経験から得てきたそれらの知見を踏まえ、研究に取り組んでいます。

具体的には、発達障害の子どもたちの乳幼児期から思春期くらいまでにわたる継続的な支援を行っています。子どもたちが自尊心を損なわず、自分の力を発揮していけるよう支援していきたいと考えています。

乳幼児期に大切なことは何でしょうか。乳幼児期の子どもは、遊びを通して色々なことを学びます。遊びを通して人とかかわったり、知能が発達したりするので、乳幼児期の遊びはとても重要なのです。そこで、第1章でお話したＪＡＳＰＥＲというプログラムを通して、子どもの遊びを支援しています。

幼児期から学童期になると、本格的なしつけが始まりますので、ペアレントトレーニングが有効になります。子どもの適切な行動を増やし、自尊心を育んでいくために、親の養育行動を支援します。どうやって子どもを育てればいいのか親も悩みますから、ペアレントトレーニングは親のメンタルヘルスも支え、親子関係も温かみのあるものになっていきます。

さらに、思春期に入ると、友だちが大事になってきます。思春期の子どもたちにとって、もっとも重要な人間関係は友だち。つまり友だちがつくれないということは、メンタルへルスを考えるうえでは大きな障壁になりますよね。皆さんも、親に反抗して喧嘩をしたり、つらい思いをしたとき、友だちに支えられたことはあるのではないでしょうか。

そこで私は、PEERSという思春期を対象とした友だちづくりのプログラムを今、研究したり実践したりしています。もちろん、親がまったく手をひいてしまったら、対人関係の構築に困難を抱えている子どもたちは困ってしまいます。PEERSでは親は一歩引いて、ソーシャルコーチとして子どもをサポートしていきます。

子どもたちに対してのこういった支援は、私が国立精神・神経センターに入ってから、さまざまな現場で親と子どもに携わってきた、総決算ともいえるかもしれません。

臨床はここまでやれば十分というゴールはないのです。世の中は常に変化しているので、どんなに勉強しても新しい課題が出てきます。私が今、取り組んでいるJASPERにおいても、

「自閉症の子どもと遊べない。どうやったら上手に遊べるようになるんだろう？」

と試行錯誤したり、トレーナーの先生に指導してもらったりします。

そして、上手に遊べたとき「やった、うまく遊べた！」とうれしく思いますが、遊べな

いときは、うまく遊べるための学びを積み重ねます。このループが延々と続いていくのです。

勉強を続ける中で、クライエントにうまくかかわれたときは、喜びもひとしおです。そんな風に目の前のクライエントさんから学びながら、もうしばらく、臨床を続けていきたいと思っています。

3章

カウンセラーとして働く姿勢

カウンセラーとしてもっとも大切なこと

カウンセラーにとって〝もっとも大切なこと〟というのは、とても難しい問いです。世の中には色々な人がいるように、色々な資質を持ったカウンセラーがいます。したがって、これからあげることは、私が「あった方がいいだろうな」と思うことです。

まず、これは社会人であれば当たり前なのですが、カウンセラーも色々な人とコミュニケーションが取れることが求められます。どんなに一生懸命心理学を学び、カウンセリングやアセスメントの勉強をしてきても、その意味や内容を一般の人たちに伝えられなければ役に立ちません。クライエントは、心理学の専門知識を持っている人ではないことがほとんどだからです。また、クライエントを支えるために協力してもらう保護者、学校の先生、医師とコミュニケーションが取れるかどうか。勉強してきたことを相手に伝える、そして相手が言っていることも理解する、これがコミュニケーションです。

たとえば、あなたがある地域の公立高校に通っている高校生だとします。すると、ほとんどの生徒が地元で育ち、年齢は15～18歳と決まっているので、個々人のバックグラウンドも似通ってきます。ですから、みんなが知っていること、みんなが興味のあることが共通していることが多く、「そうだよね」と言ったら「うん、そうそう」というように、なんとなく通じあってしまうのではないでしょうか。

あるとき、私の勤める大学の学生が笑いながら、アルバイト先でのエピソードを教えてくれました。

「アルバイト先の会話とか、すごいですよ。だよね～、うんうんわかる、だよね～。これだけで会話が通じちゃうんです」

でも、色々なところで育った、色々な立場の人がいる社会に出たら、これでは伝わりませんよね。それでは、バックグラウンドが違う人たちと、どのようにコミュニケーションを取っていけばいいのでしょうか。

ひとつには人が暮らす社会、世の中、世界全体に関心を持つことです。この本を読んでいるあなたと同様、クライエントはひとりで生きてきたわけではないですし、今もそうではありません。相談室を一歩出れば、家族や地域、学校、職場の中で生活しています。ですから、目の前のクライエントを理解するためには、その人が暮らす社会、私たちが暮らす社会のことにも関心を持つことが重要になります。

また、私たちは今、2000年代の日本に生きていますが、これがたとえば1980年代だったら社会は今とまったく違いますし、2030年代になればもっと違いがあるかもしれません。つまり、今の社会において、クライエントがどういったことを悩んでいるかを知り、支援をするためには、社会情勢などに興味を持つことも大切です。

このことを一目で表した図がブロンフェンブレンナーの「生態学的システム論」です。このモデルでは、個人を取り巻く社会的な文脈を、家族やクラスといった小さな（ミクロ）レベルから、価値観や時代といったより社会的な（マクロ）レベルへと変化する4つのシステムで構成されているものと考えます。それぞれのシステムは、入れ籠（いれこ）状になっていると考えられています。つまり、人の発達には、家族や教室といったミクロレベルのシステムだけではなく、それらを含むより大きなシステムも影響を与えていることを示しています。

たとえば、不登校の子どもが相談に来たとします。その子は、家族の一員でもありますが、学校のクラスの一員であり、習い事をしているとしたらお絵描き教室の一員であり、サッカー教室の一員でもあります。さらに、豊島区に住んでいれば豊島区の一員であり、日本

生態学的システム論

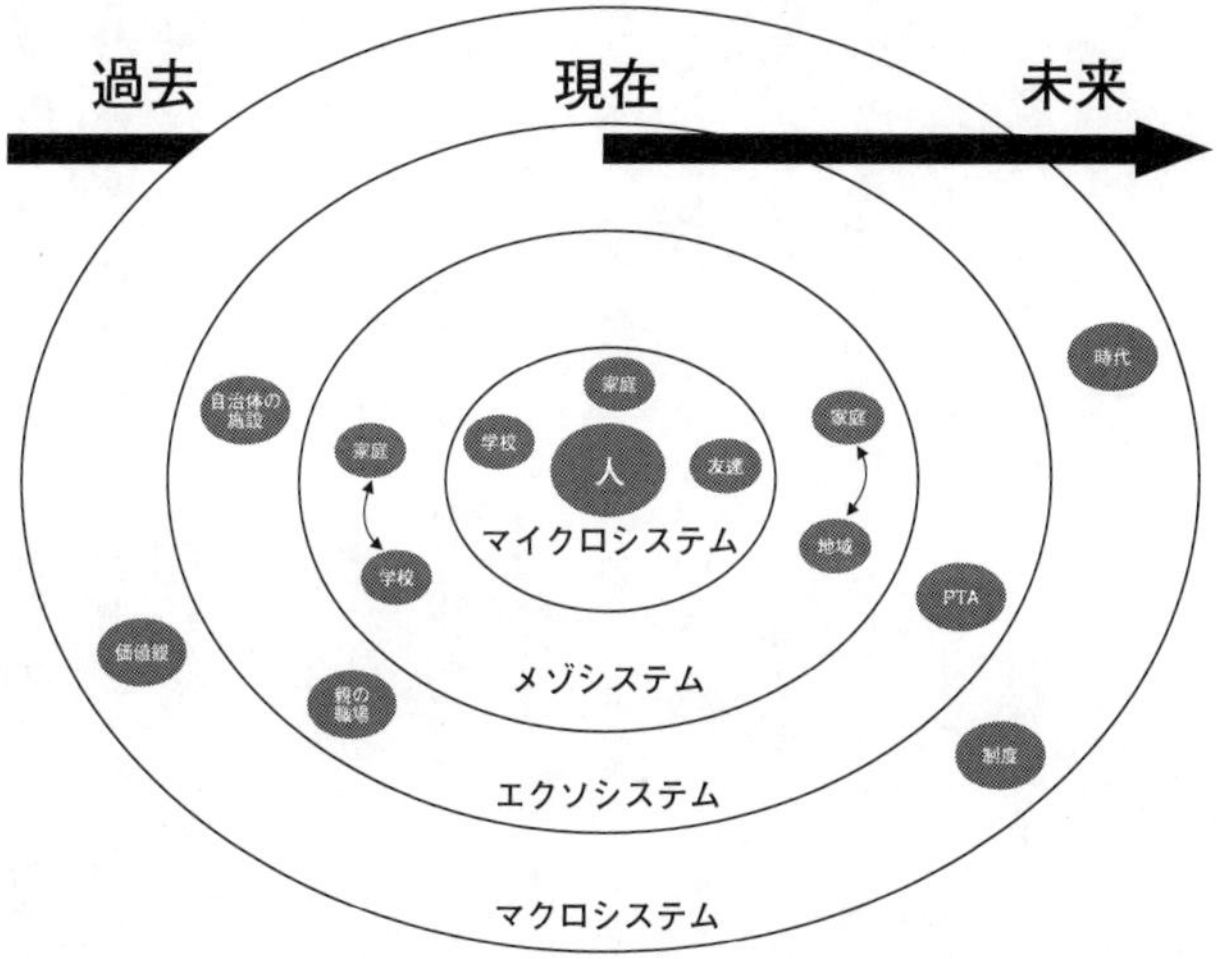

出典:ブロンフェンブレンナー,U.『人間発達の生態学——発達心理学への挑戦』(川島書店、1996年)をもとに著者作成

に住んでいれば日本国民の一員というように、さまざまな層の中で生きているのです。ですから、クライエントに寄り添うためにカウンセラーが社会に関心を持つのは、とても大切なことだと思います。

また、もうひとつ大切なことがあります。それは、カウンセラーはクライエントのことを利用してはいけない、ということです。もう少し具体的に言うと「クライエントを支援することで、自分が気持ちよくなってはいけない」ということ。カウンセラーがクライエントを利用して、気持ちよくなるなんて、想像がしにくいでしょうか。それでは、私がお気に入りの本を紹介しながらお話ししたいと思います。

このことがわかりやすく書かれているのが、『子どものための哲学対話』(永井均著・内田かずひろ絵、2009年、講談社)です。この本はタイトルの通り、小学生や中学生のための哲学書です。人の言葉をしゃべる猫「ペネトレ」が、中学生の「ぼく」の疑問や会話にこたえる形式で、読者にもさまざまな問いが投げかけられます。私がここで紹介したいのは、「こまっている人を助けてはいけない?」という項目です。

「こまっている人や苦しんでいる人がいたら、やっぱり助けてあげなくちゃいけないよね?

助けてあげるべきだよね？」

と僕が尋ねると、ペネトレは、

「いや。こまっている人を苦しんでいる人を、やたらに助けちゃいけないよ。そのときかぎりの単純なこまりかたの場合ならいいよ。たとえばけがをしたとか、さいふを落としたとかね」

と答えます。ペネトレが言う「そのとき限りの単純なこまりかた」というのは、その瞬間、具体的な方法で助けてあげることができることです。たとえば、けがをしたのであれば「大丈夫？」と言ってばんそうこうをあげるとか、落とし物を一緒に探してあげようとか、そういうのはいいというわけです。

さらに、ペネトレは言います。

「でも、もっと深くて重い苦しみを味わっている人を助けるには、きみ自身がその人の苦しみとおなじだけ深く重くならなくちゃならないんだ。そんなことは、めったやたらできることじゃないし、できたとしたら、きみの精神に破壊的な影響を与えることになるんだ。もし、きみ自身が深くて重い苦しみを味わったことがあるなら、それとおなじ種類の苦しみを味わっている人だけ、きみは救うことができる可能性がある。そういう場合だけ、相手が助けてもらったことに気がつかないような助けかたができるからね」

僕が「なんだかむずかしいはなしだな」と言うと、ベネトレは、

「そんなにむずかしいはなしじゃないんだけど……。じゃあ、これだけ覚えといてくれよ」

と言います。

「自分が深くて重くなったような気分を味わうために、苦しんでいる人を利用してはいけないってこと……」

ここで、先ほどお話した「大切なこと」に戻ってきます。要約すると、相手がすごく困っているとき、助けてあげることで自分もすごくわかったような気になるとか、役立ったような気になる。助けることで、自分の存在意義を確かめたり、いい気持ちになったりする。それはいけないよ、とペネトレは話しているのです。これが「自分のために人を利用してはいけない」という意味で、誰かを援助する、ということを考えるヒントにもなります。

先のペネトレの話の後には、男の子と女の子のエピソードが挿入されています。クラリネットでドとミとソの音が出なくて泣いている女の子を、レとファとシの音が出なくて困っている男の子が助けて、2人でニコニコ演奏するというものです。カウンセラーにな

りたいと思っている人の中には、誰かを助けてあげることで自分が偉くなった気がして安心した経験をしたことがあるかもしれません。しかし、先のエピソードに示されているように、じつのところ、助ける側も助けられる側もお互いに支え合っている存在なのです。

学生ともこのような話をすることがありますが、人を助けるとはどういうことなのか、改めて考えさせられます。相手が助けてもらったことに気付かないように助けるというのは、すごくいいことだよね、と話すこともあります。

しかし、それを行うには、精神的にタフで、なおかつ肉体的にもタフでなければ難しいでしょう。カウンセラーは、自分という器を使ってクライエントと向きあうため、自分と向きあうことは避けられません。自分の中で未解決な問題があれば必ず刺激されます。なので、資格を取るまでも取った後も、さまざまなトレーニングを続けるわけです。自分と向きあう作業をすることになるので、できれば心身ともにタフである方が望ましいと思います。

私もなれる？　カウンセラーを目指す前に

今までお話ししてきたことと少し重複しますが、「人に興味がある」ということはカウンセラーにとって必要な資質であると思います。まったく人に興味がない人は向かないでしょう。そもそも、そういう人はカウンセラーに興味を持たないでしょうけれど。

ただし、カウンセラーとして人とかかわるのは、学生時代のように、仲良しグループをつくったり、自分の好きな人とだけ話したり遊んだりするのとは訳が違います。世の中には色々な人がいますから、クライエントにも当然色々な人がいます。「好きな人とだけ仲良くしている」というのではダメなのです。たとえば、

「この人には興味があるけど、こういうところがちょっと理解できない」

「この人は何を考えているかわからない。変な人」

で人間関係を終わらせるような人は、カウンセラーには向いていないかもしれません。カウンセリングの現場では「わかること」の方が少ないのです。わからないこと、今の自分では理解できないような考えに対して、興味を向けなかったり、そこで関係を断ち切って

しまうことはできません。

おそらく、読者の皆さんも日常生活の中で、他の人と理解しあえないことはたくさんあると思います。

「なんであんなこと言うんだろう、本当にムカつく」

「あの人、陰で悪口を言っていたんだって。信じられない」

「なんであんなことをSNSに書き込むのかわからない」

色々な人がいて、あなたが傷つくこともあるでしょう。でも、そんなとき、他者をありのままに見ることが大事なのです。

たとえば、全国的に大人気のアイドルグループがいて、クラスの女子もほとんどが、そのアイドルグループに夢中だったとします。でもたったひとり、アイドルグループが嫌いで会話の輪に入ってこない女子がいたとしますよね。そのとき、

「なんで嫌いなんだろう。こんなにみんなカッコイイって言ってるのに、変なの」

と思うのではなく、

「みんなはアイドルが好きだと言っているのに、なんであの人だけアイドルは嫌いって言うんだろう。あの人は、何が好きなのかな？」

と考えてみると、視点も広がるし、その人に対する興味も湧いてきませんか？

このように「どうしてあの人はそんな風に思うんだろう？」と、自分と違う立場の人でも、相手に興味を持ち理解をしたいと思う人、または理解しがたいことをおもしろいと思える人は、カウンセラーに向いていると思います。


人は、自分のメガネを通してしか他者を見られません。他者だけではなく、出来事もそうです。だからこそ、まずそのことを認識しておくことが大事です。自分のメガネを通して人や物事を見ている自分を自覚して、俯瞰して見る。少し難しいですが、これを心理学の世界では「メタ認知」といいます。

自分の考えを少し離れたところから見てみると、

「自分だったらこう思うけど、ここから見るとそこで起こっていることはこうだったのかも。だからあの人は、ああいった行動をしたのかも」

というように、自分の視点を持ちつつ、ただしその視点にとらわれすぎず、他者と向きあうことができます。

たとえば、不登校になってしまったAちゃんという子どもがいたとします。Aちゃんが、

スクールカウンセラーであるあなたに、Bちゃんにいじめられているから学校にいけない、と相談しに来たとしますね。そのとき、

「Aちゃんが学校に来なくなったのは、Bちゃんがいじめたから。だからBちゃんは悪い子」

と考えたとします。これは、シンプルすぎる見方です。そうではなくここで、先ほどのメタ認知を使ってみると、

「なぜAちゃんとBちゃんの間で、Aちゃんがいじめられるようなことが起きたんだろう。Aちゃんをいじめるということは、Bちゃんにとってどういうことなんだろうか。もしかしたら、Bちゃんがお家でつらい目にあっていたり、他の子にじつはいじめられている、Bちゃんも支援が必要な状況にあるかもしれない。あるいはBちゃんにとっては好意で話しかけたり、遊んでいたつもりで、Aちゃんをいじめたつもりはなかったのかも。でも、Aちゃんは、いじめられたと思っているから……」

と、さまざまな視点で、柔軟に考えることができますよね。

このように、カウンセラーには、Aちゃんに寄り添いつつも「Bちゃんが悪い」と決めつけるのではなく、何が起きているのだろうと考えることが求められます。

また、カウンセラー自身が、かつていじめられていたとします。すると、いじめられた子が相談に来たとき、自分がいじめられたときのことを思い出して、自分のメガネでいじめの話を聴いてしまう可能性があります。自分がいじめられた体験であって、相談に来た子のいじめの体験は別のものと意識して聴くことが大切です。

このように、カウンセラーは「あるべき論」ではなく、柔軟に思考できることが求められます。そのためのトレーニングを受けますが、まずは、違いを受け入れる、もっというと、違いを楽しみ、おもしろいと思えることが、求められる資質でしょうか。

ここまで読んでみて、読者の皆さんは「私はカウンセラーに向いているかも」と思ったでしょうか。それとも、「私は人見知りだし、ちょっと難しいかも」と思ったでしょうか。難しいと思った人も、心理学に興味があるなら、諦める必要はありません。コミュニケーション能力は、大学や大学院で心理学を学ぶ中で、実習を通してなど、徐々に伸ばしていくことも可能です。

あなたが高校生で人と話すことが苦手なら、普段の生活の中でできることから始めてみてはいかがでしょうか。自分から話しかけられないのなら、まずクラスメイトの話をしっかりと聞いてみてください。相手の話をよく聞いて、相手に興味を持つことができれば成功です。そうすると、相手のことをもっと知りたくなりますし、会話のきっかけをつかむことができます。

また、自分の意見や気持ちを、ちゃんと伝えられるかということも大切になってきます。コミュニケーションに自信がなく、卑屈になりすぎたり、逆に偉そうに自分の意見ばかりを述べないように気をつけて、友だち同士で相談しあったりする。このような、ちょっとしたことを心がければ、将来カウンセラーを目指すうえで必ず役立つはずです。

そして、そもそもの話になるのですが、「勉強が大嫌い！」という人は、カウンセラーになるのは難しいかもしれません。なぜなら、第4章を読んでいただければわかると思いますが、カウンセラーになるためには、大学と大学院に進学してたくさん勉強しなければならないからです。

実際に、大学に進学しても「こんなに勉強しなくちゃいけないの⁉」と驚いて、カウンセラーになることを諦める人もいます。また、大学院の受験に失敗して断念する人もいます。

それでも、あなたが高校生でカウンセラーになりたいと思っているなら、まずはチャレンジしてみてはどうでしょうか。とりあえず、おもしろい、やりたいと思っていることからスタートして、あわないと思ったり、なんかちょっと違うなと思ったら、進路を変更していけばよいのです。

カウンセラーになることに限らず、今後の人生の選択はそのようなことの連続ではないかと思います。自分が興味をひかれること、楽しいと思えることに取り組んで進んでいくと、自分らしい生き方の道ができあがってくる、そんなイメージです。

心の声をどうやって聴くのか

「こころ」とは何か？ これはとても大きな問いです。その「こころ」を扱うカウンセリングというのも定義はさまざまですが、ここでは何か困っていることがあって相談したい人（クライエント）へのアプローチとしましょう。

クライエントは、悩みごとや困りごとがあるけれど、どうしていいかわからないから、相談に来ているわけです。答えは誰が知っているのでしょうか。それは、クライエント自身です。カウンセラーが答えを知っていて、教えてあげるのではありません。

では、カウンセラーは何を目指すのでしょう。大切なことはクライエントが自分で答えを見つけられることです。

そのためには、クライエントを理解することが必要です。困ってカウンセリングに来るものの、本当に困っていることが何か、クライエント自身がぼんやりとしかわかっていなかったりするものです。人は自分で思うほど自分のことをわかっていません。

自分の顔を自分の目で直に見たことはないですよね。鏡を通してでしか自分の顔を見ることができないように、自分の心も他者とのかかわりを通してしか見ることができないのかもしれません。対話を通して自分の心を見る、それがカウンセリングの根本ともいえるでしょう。


そのための治療技法はいくつもありますが、そのひとつが「傾聴」です。傾聴は、カウンセラーになるためには必ず学ぶもので、カウンセリングの基本ともなるものです。授業では、「心を聴く」と説明されることが多いのですが、そもそも「こころをきく」とは何なのでしょうか。

一言でいうと、相手が発言している言葉だけでなく、その言葉がどのような意味を含んでいるのか、その言葉で何を伝えようとしているのか、その言葉を使ってクライエントが語りたかったことに耳を傾け、受け取ったことをクライエントに伝え返す営みのことです。

そこに批判や評価はなく、そのまま受け入れることにより、クライエントは安心して自分の心を探索することができます。そして、自ら答えを見つけていけるというのが、オーソドックスなカウンセリングの技法です。

具体的にこの営みを見てみましょう。たとえば、両親と折りあいの悪い中学生のクライエントがいたとします。そこでクライエントが、

「ウチの親、本当にムカつくんですよ」

と言ったとしましょう。親がムカつく、という言葉だけを聴くと、親を憎んでいるように受け取れますが、カウンセラーは本当に親を憎んでいるのか、じつは親から理解してもらいたいと思っているのか、わからないとここで考えます。ムカつくときもあるけど、そうじゃないときもあるわけです。

親のことかと思ったら、祖父母のことでじつはイライラしていた。あるいは友だちのことだった。はたまた、両親の夫婦関係が悪いことにじつは悩んでいたなど、そこには色々

な思いが隠れている可能性があります。だから、クライエントの言葉だけ聞いて、「そうだね」と言うのではなく、言葉の裏にどういう意味があるのか、その言葉で何を伝えようとしているのか、探っていく。「心を聴く」ことが大切です。

この「傾聴」の方法はさまざまですが、例としてここでは、クライエントから受け取ったことを伝え返す作業を繰り返すという方法を紹介したいと思います。

先ほどもお話しした通り、カウンセラーは、クライエントの言葉に答えを出す必要はありません。ですので、クライエントの言葉に対して、

「それって、こういうことですか？　こう受け取ったのですが」

「なるほど、こうだったんですね」

というように、丁寧に返していきます。クライエントに「私はこう聴きましたよ、このようにとらえましたよ」と伝えることが、「聴く」ということであり、すなわちカウンセリングという営みなのです。

私にとっては、クライエントが「助けてもらったと思わないような助け方（カウンセリング）」が理想です。これは、先ほど少しお話しした「援助」のあり方のひとつです。

「よくわからないけど、カウンセラーの先生と話していたら答えが見つかった」

これが最高のカウンセリングでないでしょうか。

もう少し具体的に説明しましょう。お付きあいをしている男性となかなかうまくいかずに、困っている女性が、カウンセリングに来たとします。クライエントが、

「彼氏のこと、本当に憎たらしいから、消しちゃおうかなと思って」

と言ったとします。消しちゃおうかな、と言うくらいですから、もしかしたらとんでもないことを考えているかもしれません。それでもカウンセラーは「そんなこと、やめなさい」ではなく、「消したいくらい何か、ムカつくんですね」と、気持ちを一旦受け取ります。するとクライエントは、自分の思っていることを受け入れられたために、その理由が言いやすくなります。

「はい。だって、女はこうあるべきとか、勝手なことを言うんですよ」

このようにクライエントが返してきたとしますね。ここで先ほどお話した通り、カウンセラーがその言葉をどのように受け取って、どう考えたか、を伝えていきます。

「なるほど、そういう風に言われることで、自分の存在を否定されたように感じるのですね？」

すると、クライエントはその言葉を受けて、自分の心と向きあうことができます。

「いいえ、否定されるというより、じつは……」

カウンセラーが話を聞き、批判や評価をせずそのまま受け入れてそれを返していくことでクライエントは安心して自分の心の中を探っていけるわけです。

「あれ、それってもしかしたら、彼の偉そうな言い方にムカついていたけど、私の父も言っていることかも？」

「私の従兄弟もそういう言い方をしていたな……」

「そういえば、新聞を読んでいて、同じような記事にひっかかったな」

このような会話の中でクライエントは、色々なことを思い出し、「自分がひっかかっているのは、じつはここだったんだ」と自分で答えを見つけていくことができるのです。カウンセリングの具体的な様子が、少し想像できたでしょうか？

ただし、この方法はクライエントの健康度にも応じる必要があります。ただただ聞いていても混乱する人もいるので、もう少し枠をつくらなければならない場合もあるということも補足しておきます。

心の声をどうやって伝える？

ここまでクライエントとカウンセラーの1対1の関係をお話ししてきました。クライエントを援助するためには、家族、学校、企業など、さまざまな人の協力が必要になる場合もあります。クライエントと周囲の人たちをつなぐのも、カウンセラーのとても大切な仕事です。

支援が必要な人に対して、行政や支援機関などが働きかけて支援をするプロセスそのもののことをアウトリーチといいます。たとえば、引きこもりの子どもが外に出られないので、子ども家庭支援センターの教育相談員がカウンセリングのために家庭まで出向くことなどがアウトリーチにあたります。カウンセラーはこのアウトリーチに、深くかかわっている職業です。

カウンセラーがかかわるアウトリーチにも色々あり、どのような枠組みの中で仕事をしているかによっても異なります。たとえば、会社員のクライエントがうつ病で心療内科にかかり、その原因が職場の上司にある場合、心療内科に勤めるカウンセラーは、心療内科内の医師に「職場の上司に意見書を書いてください」と働きかけることはできますが、クライエントの職場の上司に直接働きかけることはできません。

しかし、会社の健康相談室のカウンセラー（産業カウンセラー）は、もちろん守秘義務はありますが、組織の中での役割として社内のメンタルヘルスの向上・対策のために雇われているので、心療内科のカウンセラーとは違うアプローチが可能です。相談に来たクライエントに、

「あなたのうつ症状は、上司の言い方が影響しているようなので、上司にわかってもらった方がいいですよね。ですから、このことを上司に伝えようと思うのですが、いかがでしょうか？」

「あなたにこの職場の環境はどうやらあっていないみたいなので、人事部にこのことを伝えて調整していただいた方がいいと思うのですが、どうですか？」

と了解を得て、どう周囲につなげていくか考えることができます。

また、児童相談所や子ども家庭支援センターのカウンセラーの場合は、もし虐待があったとしたら、その場でのカウンセリングも大切ですが、周りの関係機関とどうネットワークをつくっていくかも大切な仕事になります。

つまり、同じカウンセラーであっても、どの組織で働くかによって協力の方法や、支援の方法がまったく異なってくるのです。ですから、組織の中で働く場合は、組織がどのような仕組みになっているか、しっかりと理解しておかなければなりません。さらにカウンセラーは、現場の中で何ができるのか、どう動くべきなのかなど、組織の中での自分の役割を理解することも大切になります。

もうひとつ、クライエントのことをカウンセラーだけが理解するのではなく、クライエントを取り巻く人たちが理解できるように伝えていくことも必要です。

たとえば、不登校の中学生のカウンセリングをするとします。その子は自傷行為があって「死にたい」とも言っている。このことをカウンセラーだけが理解しているのもいいのですが、やはりその子の家族の中に理解者がいた方がいいと判断したら、家族に伝えていかなければなりません。

ところが、物分かりがいい家族ばかりではないのが難しいところです。

「リストカットなんて甘え。眠れないと言っているけれど、夜遅くまで起きてゲームをしているからですよ。私は、ただの〝サボリ〟だと思います」

実際、このようなことを言う保護者の方もいます。この場合は、保護者の方の理解を変えなければなりません。サボリではないこと、症状に苦しんでいるから、カウンセリングなどの支援が必要であることを、保護者の方がわかるように伝えていくことが求められます。

同時に、「クライエントにとって、誰に伝えるのがいちばん力になるのか」を見極めることも重要です。じつは、母親はとても精神的に不安定な人という可能性もあります。もしそうであれば、その子のことを母親に伝えても支えきれない場合があるからです。事実を伝えられた母親はより混乱して、今まで以上にその子に厳しくなることだって考えられます。だとしたら、母親ではない人に伝えなければならない。そのときに、その子とも母親とも仲がよく、心身ともに健康なおばさんが親戚にいるのであれば、そのおばさんに伝えることが子どもを支えることになるかもしれません。このような、クライエントにとってのキーパーソンを話の中から探るのも、カウンセラーの大事な仕事です。

それから、困っている人は誰かということも見ていく必要があります。精神的に不安定な母親は、どうやら困っているらしい。もしかしたら、母親がうつ病なのかもしれません。もしそうであれば、その子の治療と一緒に、母親の治療も必要になる場合もあります。その子を取り巻く関係の中で、個々人の問題がどう絡んでいるのか、注意深く見ていかなければなりません。

ネットワークを広げて、自らを広げる

カウンセラーという職業は、常に勉強が必要という話はすでにしました。それも、勉強のための勉強ではなく、日々のカウンセリングやアセスメントの中で支援に悩むことが出てきて、研究会で発表したり他のカウンセラーに聞いたりして学んでいく、そういった勉強に終わりはありません。

カウンセリングやアセスメントをしていると、必ず困ることが出てきます。そのとき、「どうしよう、困ったな」と困る能力がある人はカウンセラーに向いています。

困ったときは、グループスーパービジョン（スーパービジョンの状況を、他の複数のカウンセラーが観察して、事例を参考にして学習すること）であったり、研究会や勉強会で色々な人の意見を参考にしながらスーパーバイズ（自分より経験のある先輩や先生であるカウンセラーに、自分が担当しているケースを継続して報告し、一緒に検討して1対1の

教育や指導を受けること）を受けます。誰かに話すことで、

「これはどうなの？」

「あれはどうなの？」

「こうしたときはどうだったの？」

というように質問をされていくうちに、違う視点に気付くこともあります。このやり取りは、カウンセリングの技法と同じです。カウンセラーとクライエント、スーパーバイザーとスーパーバイズを受けるカウンセラーで同じことが行われているというのは、おもしろいですよね。つまり基本は一緒ということになります。

「こうじゃない？」と言われて、

「いいえ、違います」と断言してしまう人は、カウンセラーには向いていません。

「なるほど、それはどういうことかな」

「なるほど、そういう見方もあるのね」

このように、さまざまな考え方ができるようになるといいと思います。

また、色々な人からアドバイスを受けて、混乱してしまう人も、カウンセラーには向い

ていません。とくに新人のときは、先輩や先生のカウンセラーから、さまざまなことを言われますが、自分の理解できるところまでしか理解できないので、言われた通りにはできません。逆に言われたことを理解していないのに、言われた通りに行ってもうまくいかないでしょう。

臨床に正解はありませんが、困っているときは「そういうときは、こう言えばいいんだよ」と答えを教えてほしくなるものです。アドバイスやコメントはもらえます。しかし、それを自分の臨床の中でどうするかとなったときは、自分の頭で考えるしかないのです。ヒントはもらえても、そのヒントから自分で考えるしかないということです。だからこそ、困るのが苦手な人は、カウンセラーに向いていないのです。

また、多くの同業者（カウンセラー）とかかわることは、自分がやりたいことを見つけたり、新しい職場を発見することに役立ちます。私の場合は、ネットワークによるものが大きかったと思います。自分で探すというよりも「こういうのがあるけど、どう?」「こういうのがあるから、やらない?」「こういう人を探しているんだけど、行ってくれない?」と声をかけられて、仕事がつながってきました。

しかし、最初に勤めたところでじっくりと力をつけてよい仕事をしているカウンセラーもいますので、結局は人それぞれというところかもしれません。が、ネットワークを持っていると、必要に応じて支援機関を紹介できるため、よりよい支援ができるように思います。

カウンセラーのストレス解消法

カウンセラーは、感情労働でもあり肉体労働でもあります。感情労働とは、アメリカの社会学者であるA・R・ホックシールドが提唱した概念で、仕事をするうえで常に自分の感情をコントロールすることが求められ、我慢したり明るく振る舞ったりしなければならない働き方のことです。この働き方は、知らず知らずのうちにストレスが溜まりやすいと言われています。

カウンセラーは、色々な人の悩みを聞かなければならないですし、児童相談所で働いている場合は、家庭訪問など体を動かす仕事もあって、心身ともに体力が求められるため、心も体も健康でないと務まりません。したがってカウンセラーは、常に自分の心身の状態を把握し、仕事ができる状態に整えておく必要があります。つまり、自己管理がとても重要になるのです。

カウンセラーも溜まったストレスや疲労を適度に発散して、心身の健康を維持することを心がけています。たとえば、私のストレス解消法は、旅行をする、畑仕事をする、映画を観る、気の置けない仲間と美味しいものを食べながら雑談するなどがあります。

また、The CAT-Kitというプログラム（認知行動療法のひとつ）の中に、自分で自分の感情を修復するという手段があります。このプログラムの考え方が、ストレス解消に役立つので、ここで紹介したいと思います。

悲しみや怒りといったネガティブな感情は、強すぎたり、長く続きすぎるとメンタルヘルスにおいてマイナスに影響します。このプログラムは、ネガティブな感情に圧倒されそうになったとき、どのようにその感情に気付き対応するかというもので、とくに自閉症の人に効果があることで知られています。

自閉症の人は、自分の感情に気付くのが苦手です。自分が今どれくらい悲しいのか、怒っているのか、そういうネガティブな感情に気付きにくいため、気が付いたときには悲しみや怒りが大きすぎて、圧倒されてしまい具合が悪くなるのです。そこで、早めに感情に気付くこと、つまり、感情を認識するトレーニングを行います。そのトレーニングの中で感情がつかめるようにして、その後ネガティブな感情に振り回されないように導いていきます。

ネガティブな感情に振り回されない対処法として、「ツールボックス」という道具箱のようなものを、普段から心の中につくっておくワークがあります。実際の道具箱の中には、かなづちや刷毛など色々なものが入っているように、心の中の道具箱にもさまざまな種類のツールを用意しておいて、ストレスを解消したいときにそのツールを使い分けるのです。

たとえば、友だちと会って話をするのは社交というツール。ところが、友だちが忙しかったら会えないこともあります。ジョギングは運動のツールですが、雨が降ったり膝が痛かったりしたらできないかもしれません。ギターを弾くのは音楽のツールですが、たまたま壊れていたら弾けないこともあるでしょう。このように道具箱の中にツールがひとつしかないと、それが使えなくなるとお手上げになってしまうので、できるだけたくさんのツールを入れておくことが大切になります。

このツールは、自分のストレスを解消できるものならアクティブなものではなくても構いません。たとえば、優れたアスリートたちは、自分を奮い立たせるためにポジティブなことを言いますよね。そのような心に残る言葉を書き留めて、落ち込んだときに読み直すためのツールにしておく人もいます。自分が元気なときに、自分の感情を修復するための方法を考えておくというのは、カウンセラーに限らずおすすめです。

しかし、カウンセラーという仕事をしていると、今までお話ししたようなストレス解消法では解消しきれないストレスがあります。たとえば、夕方のカウンセリングでクライエントに「もう、今すぐ死んでしまいたい」と言われたら？

「どうしよう……。もしかして、今夜死んじゃったら、私のせいだろうか……。何か他にできること、することがあったのでは……」

このような状況に陥ることも、ときにはあります。そんなときに、友だちと遊んだりジョギングしたりしても、このストレスは解消しません。

この場合は、スーパーバイズを受けることが効果的です。研究会で自分の困っていることを発表したり、スーパーバイザーの先生に相談したり、決してひとりで抱え込まないようにします。

今も私が勤めている小児科では、月に1度、他のカウンセラーや主治医の先生も交え、それぞれが抱えているクライエントについて、みんなで話しあえる場をつくっています。

人はストレスが溜まって心に余裕がなくなると、自分のことしか考えられなくなります。カウンセラーも大なり小なり同じです。したがって、自分の心身を良好な状態にキープすることは、カウンセラーにとってとても大切なことです。

たとえば、クライエントがカウンセリングの予約を入れたとします。予約の日時に担当のカウンセラーが「お腹が痛い」「頭痛がつらい」なんて言っていたら本末転倒です。他の仕事と違い、同僚に

「ごめんなさい、私ちょっと今日体調が悪いので、代わってもらえる？」

なんて、頼めないですよね。

もちろん、カウンセラーだって生身の人間なので、病気をしたり体調を崩すこともありますが、やはりできる限り予約の日は万全の体勢でクライエントを迎えなければなりません。このような誠実さは、上手にカウンセリングする以前に、カウンセラーに求められる必須条件です。

たとえば、自分が体調不良になるのは、睡眠不足のときなのか、仕事が忙しくなるときなのかなど、普段から自分のことを観察しておくといいでしょう。体調面だけでなく、精神的に追い詰められて心のメンテナンスも必要だと思ったら、自分自身がセラピーを受けるという選択肢もあります。

公認心理師の義務と倫理

ここまで、カウンセラーとしての姿勢を紹介してきました。ですが、心理職の専門家としての知識や姿勢を持っていても、カウンセラーが守るべき行動に反していては、専門家として呼ぶことはできません。公認心理師法では、公認心理師が守るべき義務や禁止されている事項について「法的義務」「職業倫理」としてまとめられています。ここでは、どのようなことが法で定められているかを、簡単に紹介します。

「法的義務」として定められていることは、「信用失墜行為の禁止」「秘密保持義務」「連携等」「資質向上の責務」の4つがあります。

「信用失墜行為の禁止」とは、公認心理師資格を持つ人が、他の公認心理師の信用を傷つけるような行為をしてはならない、という意味です。この行為が具体的に何を指すのか、法律で定められているわけではありませんが、社会人として、またカウンセラーとして業務中のみならずプライベートでも行動に留意しましょう、ということです。

たとえば、あるカウンセラーをとても信用しているクライエントがいたとします。プライベートの飲み会で、カウンセラーが泥酔してしまい、同僚や先輩を口汚くののしったりしている場面を見たら、どう思うでしょうか。そのクライエントはその人のみならず、カウンセラー全体を信用できなくなってしまうかもしれませんよね。

「秘密保持義務」は、その名の通りクライエントが話した内容など、業務で知りえた情報（秘密）を、許可なく他の人に話したり伝えたりしてはならない、という意味です。クライエントの情報を書いた紙やカルテなどを、無断で人に見せることもいけません。この義務に違反すると、「一年以上の懲役又は三十万円以下の罰金」という罰則の対象となったり、公認心理師資格の登録取り消しなどの処分の対象となります。

クライエントとカウンセラーの信頼関係は不可欠です。秘密が守られなければ、クライエントは安心して話すこともできませんし、「信用失墜行為の禁止」の例と同様に、カウンセラー全体を信用できなくなってしまうことも考えられます。そのような視点から、極めて重要な義務とされています。

しかしこの「秘密保持義務」に、じつは例外があります。自傷・他害の恐れがある場合には、「保護義務」といって、犠牲者になり得る人に対して警告したり、警察に通告する義務があります。たとえば、「今すぐ、家の中で首をつって死にます」という連絡がクライエントから来たとしましょう。この場合は、深刻な自傷の恐れがあるクライエントとなるため、親族に連絡を取らなければなりません。また逆に、思い詰めて「母親が憎い。今から殺そうと思う」というような連絡が来た場合には、可能であればその母親に連絡したり、警察に通告する義務が生まれます。

「連携等」とは、今までにもお話してきた通り、クライエントに援助を行うために多職種や関係者（親や教員）などとの連携を保つ義務のことです。保健医療や福祉、スクールカウンセラーであれば教育現場、司法の現場などにも連携を取る義務があります。

なお、クライエントに主治医がいる場合には、公認心理師は主治医の指示を仰がなければならないということも法律で定められています。これに違反した場合、公認心理師資格の登録取り消しなど、処分の対象となります。

公認心理師の職業倫理

■かかわり方や態度に関する内容 1.相手を傷つけない、傷つけるような恐れのあることをしない 2.相手を利己的に利用しない（多重関係を避ける） 3.一人ひとりを人間として尊重する 4.すべての人びとを公平に扱う。社会的な正義、公正・平等の精神を現す（差別をしない、など）
■専門範囲の理解 5.十分な教育・訓練によって身につけた専門的な行動の範囲内で、相手の健康と福祉に寄与する
■秘密保持とインフォームド・コンセント 6.秘密を守る 7.インフォームド・コンセント（十分な説明による合意）を経て、相手の自己決定権を尊重する

出典：https://psychologist.x0.com/terms/512.htmlを一部改変し、著者作成

最後に定められている「資質向上の責務」とは、この章でもお話してきた通り、カウンセラーが常に最新の研究や検査の開発などに目を向けて、スキルアップしていく責務のことです。研究会で他のカウンセラーの事例を学んだり、学会に行って最新の研究報告を聞くことは、公認心理師として法的に定められている努力ともいえます。

次に「職業倫理」についてですが、公認心理師の倫理として大きく7つの内容があげられています。この7つの内容は、かかわり方や態度に関する内容、自らの専門範囲に関する内容、そして秘密保持とインフォームド・コンセントに関する内容の、大きく3つに分

けられます。

先ほどお話した「法的義務」として定められている内容と、重なる部分もあります。ここではとくに、言葉だけではわかりにくい「多重関係」と「専門な行動の範囲内」という言葉について解説します。

少し難しい言葉ではありますが「多重関係」とは、カウンセラーがすでに知っている人物をクライエントとする場合のことを言います。たとえば、あることで非常に悩んだり、精神不安定になっているクリニックの部下をクライエントとすることは、中立性や客観性、またその部下に対する思い入れが強くなりすぎて、支援がうまくできなくなる場合があります。こういったリスクを避けるために、多重関係は禁じられています。ですからもちろん、恋愛関係になることも禁じられています。

また「専門的な行動の範囲内」とは、公認心理師は公認心理師の専門性を超えて、支援することはできない、という意味です。たとえばあなたが、ある小児科クリニックに勤めるカウンセラーだったとします。子どもが悩みを抱えていて、それが両親の虐待によるものだった場合には、クリニックだけでは対応できません。子ども家庭支援センターや、児童相談所に勤めるカウンセラーが専門として対応するべきです。

そのような場合には、必ず理由を説明して、クライエントが「見捨てられた」と思わないように、専門的な対応が可能な機関を紹介する必要があります。

4章
カウンセラーになるには

公認心理師になるには

公認心理師の資格は、日本ではじめてできた、唯一の心理職国家資格です。2015年9月16日に公認心理師法が公布され、2017年9月15日に施行、2018年に第1回の公認心理師試験が行われました。

公認心理師になるには、公認心理師カリキュラムを持つ4年制の大学の学部を卒業後、特定の機関で2年以上の実務経験を積むか、公認心理師カリキュラムを持つ大学院に入学・修了し、国家試験に合格すると、公認心理師資格が与えられます。

公認心理師カリキュラムは、大学4年間と大学院（修士課程）2年間の合計6年間が用意され、2018年4月より公認心理師カリキュラムが大学の授業および大学院で始まりました。心理学専攻でも、公認心理師カリキュラムを採用するところと採用しないところがあるので、各大学・大学院の情報を事前にチェックしておくことが必要です。

しかし、公認心理師法の成立と公布が2015年、施行が2017年であり、2022年まではまだ公認心理師カリキュラムを6年間修めた人はいなかったため、心理に関する仕事に就いている人や心理学系の大学生、大学院生のための経過措置が定められていました。

受験資格を得るためのルートは、7ルートありましたが、2022年9月14日に経過措置が終了し、以降は3ルートに変更になりました。

◎公認心理師になるためのルート

公認心理師試験の受験資格を得るためには、先のように3ルートの方法があります。それぞれのルートを簡単に説明しましょう。

最初のルートは、4年制大学で公認心理師となるために必要と法で定められている科目（指定科目）を履修してから、さらに大学院で指定科目を履修するというルート。

次に、4年制大学で指定科目を履修してから、卒業後に法で定められた指定の施設で、2年以上心理関係の実務経験を積むルート。

3番目のルートは、外国の大学で心理に関する科目を修めて、外国の大学院で心理に関する科目を修了するルートです。

3つのルートのうちでは、1番目のルートで6年間心理学を学び、受験資格を取得する人が圧倒的に多いです。

◎大学・大学院ではどんなことを学ぶの？

公認心理師資格が取得できる大学・大学院は多くありますが、そこで学ばなければならない基本的なカリキュラムについては国で定められており、必ず同じ内容を学ぶことになっています。

今までにもお話してきたように、公認心理師はひとつの分野に特化したカウンセラーではありません。心理学全体に関する内容や基本的な理論はもちろん、アセスメントやカウンセリングの手法、また5分野にまたがる心理学すべてを網羅していなければなりません。公認心理師はどうあるべきか（職責）についてもカリキュラムに含まれています。ですので、大学では25科目を修めなければならない、と定められています。

この25科目は、大きく5つに分類できます。まず、心理学の研究方法や統計方法など、公認心理師であれば必ず知っておかなければならない「心理学基礎科目」。今までにもお話させて頂いたような、人間の認知に関する心理学、発達に関する心理学、家族や社会の中での心理学などを学ぶ「心理学の基本的理論に関する科目」。具体的にクライエントを支援するためのアセスメントやカウンセリングの手法を学ぶ科目。医療・保健、教育、産業、福祉、司法・行政の5つの職域に関する心理学を学ぶ「主な職域における心理学に関する科目」。そして、医師と連携するためには不可欠な、主な精神疾患や人体の構造について学ぶ「心理学関連科目」です。

「こんなに学ばなければいけないことがたくさんあるの？」と読者の皆さんはびっくりされているかもしれません。しかし、これだけではなくさらに80時間以上の実習が必要となります。大学では、福祉や教育などの分野の施設に見学に行くことが多いです。

25科目の学問（うち80時間以上の実習）を修めたうえで、さらに大学院に進んだ後に10科目を学んで、450時間以上の実習を行います。大学院での実習は見学だけではなく、ケースを担当して実際に現場で臨床を行います。

このように、大学・大学院に進学するルートで公認心理師になる場合には、学生時代にたくさん学ぶ必要があります。「大変だ」と思われる読者も多いと思いますが、それだけプロフェッショナルなカウンセラーが、今世の中で求められているということでもあると思

大学で履修が必要な指定科目

	1. 公認心理師の職責
Ⅰ	2. 心理学概論
	3. 臨床心理学概論
	4. 心理学研究法
	5. 心理学統計法
	6. 心理学実験
Ⅱ	7. 知覚・認知心理学
	8. 学習・言語心理学
	9. 感情・人格心理学
	10. 神経・生理心理学
	11. 社会・集団・家族心理学
	12. 発達心理学
	13. 障害者・障害児心理学
Ⅲ	14. 心理的アセスメント
	15. 心理学的支援法
Ⅳ	16. 健康・医療心理学
	17. 福祉心理学
	18. 教育・学校心理学
	19. 司法・犯罪心理学
	20. 産業・組織心理学
Ⅴ	21. 人体の構造と機能及び疾病
	22. 精神疾患とその治療
	23. 関係行政論
Ⅲ	24. 心理演習
	25. 心理実習（80時間以上）

大学院で履修が必要な指定科目

Ⅰ	1.保健医療分野に関する理論と支援の展開
	2. 福祉分野に関する理論と支援の展開
	3. 教育分野に関する理論と支援の展開
	4. 司法・犯罪分野に関する理論と支援の展開
	5. 産業・労働分野に関する理論と支援の展開
Ⅱ	6. 心理的アセスメントに関する理論と実践
	7. 心理支援に関する理論と実践
	8. 家族関係・集団・地域社会における心理支援に関する理論と実践
	9. 心の健康教育に関する理論と実践
Ⅲ	10. 心理実践実習（450時間以上）

出典:公認心理師カリキュラム等検討会「公認心理師カリキュラム等検討会 報告書」2017年より引用

います。

◎公認心理師試験について

公認心理師の国家試験は、2018年から毎年実施されており、例年8〜12月の間に行われています。第1回は2018年9月9日と12月16日、第2回は2019年8月4日、第3回は2020年12月20日、第4回は2021年9月19日、第5回は2022年7月17日に実施されました。以降は2023年5月頃、2024年3月頃と、新型コロナウイルスの影響のため2〜3カ月ずつ前倒しで行われる予定です。

試験は午前の部・午後の部（各120分）に分けて、1日で実施されます。出題形式はマークシート形式です。配点は一般問題と呼ばれる知識を問われるものが1問1点、事例問題と呼ばれる文章題のようなものが1問3点。総得点は230点となります。合格基準は総得点の60パーセント（138点）程度以上となっていますが、各年の問題の難易度で多少前後します。

合格率について、前例のない第1回は約8割と高い結果となりましたが、第2回以降は40〜50パーセント台を推移しています。色々な見方はありますが、どちらかといえば難しい試験といえるかもしれません。

　また、公認心理師試験出題基準の大項目の出題割合を示したものを「ブループリント」といい、公認心理師試験設計表とも呼ばれています。毎年一般財団法人日本心理研修センターが公表しています。ブループリントには、公認心理師試験出題基準の大項目、中項目、小項目（キーワード例）が記載されています。試験勉強を効率的に行うには、ブループリントで出題割合を把握し、公認心理師試験出題基準の各項目を確認するのがおすすめです。

◎公認心理師試験に受かったら？

公認心理師になるには、公認心理師試験に合格後、資格登録が必要です。公認心理師法の第28条に「公認心理師となるには、公認心理師登録簿に、氏名、生年月日その他文部科学省令・厚生労働省令で定める事項の登録を受けなければならない」と記載されています。

公認心理師の資格登録の流れは次の通りです。

　登録申請時には、登録免許税の他に登録手数料として7200円かかります。なお、登録申請の受付から登録証が交付されるまでは、約2カ月かかります。

　しかし、公認心理師法第3条に定められている事項に該当する場合は、登録を受けられ

公認心理師資格登録までの流れ

公認心理師の国家試験に合格

↓

一般財団法人日本心理研修センターから
発送される登録申請書類を受領

↓

登録申請書類および必要書類を
一般財団法人日本心理研修センターに提出

↓

一般財団法人日本心理研修センターで
登録申請受付および審査

↓

一般財団法人日本心理研修センターが
公認心理師登録簿に所定事項を登録

↓

一般財団法人日本心理研修センターが
登録証を交付

↓

登録証を受領することで
公認心理師の名称が使用できる

ないと定められています。

臨床心理士になるには

臨床心理士とは、公益財団法人日本臨床心理士資格認定協会の認定を受けた心理専門職です。公認心理師が誕生する前から、社会的に信頼できる心理支援の専門家資格として取得されていました。１９８８年から検定試験が実施されています。

臨床心理士になるには、４年制大学を卒業後（学部はどこでも可）、公益財団法人日本臨床心理士資格認定協会の定める臨床心理士指定大学院（1種、2種）、あるいは臨床心理士専門職大学院に入学・修了後、10～11月頃に実施される臨床心理士資格試験に合格すると、翌年には臨床心理士資格が与えられます。他にも医師免許取得者なども受験可能です。

また、たくさん学び大学院で修士論文を書いたり研究したりする必要があります。4年制大学を卒業しておらず、専門学校卒や短大卒、高卒の場合、臨床心理士になるには、まず大学に入学するか、大学3年次編入を利用するか、あるいは各指定大学院に問い合わせて「4年制大学卒業程度」と認めてもらわなければなりません。

◎臨床心理士になるためのルート

臨床心理士資格を取得するためには、主に2つのルートがあります。

ひとつめのルートは、臨床心理士指定大学院（1種、2種）を修了し、必要な年数の心理臨床経験を積むルートです。心理臨床経験とは、教育相談機関、病院等の医療施設、心理相談機関等で心理臨床に関する従事者（心理相談員、カウンセラー等）としての勤務経験のことで、無給のボランティアや研修員等は対象外です。なお、第1種指定大学院として定められている大学院に進学した場合心理臨床経験は不要で、第2種指定大学院として定められている大学院に進学した場合には、修了後に1年以上の心理臨床経験が必要になります。

2つめのルートは、臨床心理士専門職大学院において、臨床心理学またはそれに準ずる心理臨床に関する分野を専攻する、専門職学位過程を修了するというパターンです。

またこの他に、海外での指定大学院と同等以上の教育歴があり、修了後に日本国内において心理臨床歴2年以上を有する人や、医師免許取得者で免許取得後に心理臨床歴2年以上を有する人も受験可能です。

ところで、臨床心理士指定大学院1種と2種、臨床心理士専門職大学院は、何が違うのでしょうか。

臨床心理士指定大学院1種は、2種と比較して、臨床心理士資格認定協会の定めた基準を完全に満たしている場合に指定されます。臨床心理士指定大学院1種に指定されるためには、臨床心理士資格を持つ専任教員が5名以上必要になり、学内施設で学内実習としてカウンセリングの実践ができるように、センターなどの設置が義務付けられています。しかし、2種では専任教員の数が5名に満たなかったり、センターなどの学内実習設備も整っていなかったりする可能性があります。

このように、2種の大学院ではいずれかの基準を満たしていないこともあるので、1種と2種のどちらも選べる立場であるなら、1種を選ぶ方が現実的です。

また、臨床心理士専門職大学院は、他の専門職大学院（法科大学院、会計専門職大学院）と同じような形で大学院が設置されています。臨床心理士指定大学院を含む他の大学院が、通常の大学院として「研究」を行うことが必須で、研究者養成が元々の目的であるのに対し、専門職大学院の目的は実践経験を増やし、専門職を養成することになります。そのため、専門職大学院では、指定大学院よりも最低必要実習時間が450時間と多めに設定され、修士論文を書かなくてもよく、臨床心理士資格試験での論述試験が免除されるという違いがあります。

ところが、実習時間について、公認心理師養成大学院も臨床心理士専門職大学院の基準に合わせてきたため、多くの指定大学院は同程度の実習時間に変えてきています。そうすると、臨床心理士専門職大学院の違いは、指定大学院とそれほど差がないようになりつつあります。

なお、受験要件となっている指定大学院、専門職大学院の一覧は、日本臨床心理士資格認定協会の公式サイトで確認できます。数は少ないですが、通信制カリキュラムのある大学院もあります。

◎大学院ではどんなことを学ぶの？

皆さんが臨床心理士になろうと思ったときには、ひとつめのルートを選択するのが一般的だと思います。大学を卒業したのち、第1種指定大学院、あるいは第2種指定大学院として定められている大学院に進み、その大学院で定められている履修科目を学びます。

大学院によって科目の名前はさまざまですが、公認心理師と同様、基礎的な科目や基本的な理論、職域に関する科目などを学びます。公認心理師よりも、臨床心理士はより臨床に関することについて深く学ぶこと、また研究法なども履修科目に含まれている場合が多いです。

公認心理師の資格ができてからは、双方の資格を取得することを目指す学生も増えたために、大学院ではどちらの資格取得にも関係する科目もできてきました。より専門性が高いカウンセラーを目指すためには、双方の資格を取ることをお勧めします。

◎臨床心理士試験について

臨床心理士試験は例年10月〜11月にかけて、東京で実施されます。スケジュールは、7月〜8月に願書等提出、10月中旬に1次試験（筆記）、1次試験に合格した人は11月中旬に2次試験（面接）、12月下旬に合格発表という流れになります。

1次試験は、マークシート形式の多肢選択方式試験と、定められた字数の範囲内で論述する論文記述試験の2種類で構成されています。ただし、専門職大学院を修了した場合、論文記述試験は免除されます。

マークシート形式の多肢選択方式試験の概要は、出題数が100問、試験時間は2時間

30分です。出題内容は、心理学の基礎的設問、臨床心理士の専門業務（臨床心理査定、臨床心理面接、臨床心理的地域援助、それらの研究調査）に関する設問、臨床心理士に関する倫理・法律等に関する設問などです。

論文記述試験の概要は、1001～1200字の範囲内で論述することが求められ、試験時間は1時間30分。出題内容は、心理臨床に関するテーマです。

2次試験の面接試験は、1次試験の多肢選択方式試験の成績が一定の水準に達した人のみ実施され、面接委員2名、受験者1名で行われます。面接時間は15分程度。面接内容は、臨床心理士としての基本的な姿勢や態度、専門家としての最低限備えておくべき人間関係能力などが問われます。

◎資格取得後の更新について

臨床心理士試験の過去5年間の合格率は、60パーセント台で推移しています。公認心理師資格ができたことからか、近年の受験者数は減少傾向にあります。

また、臨床心理士は資格取得後の自己研修が求められることから、5年ごとの資格更新が義務付けられています。資格更新するには、5年間のうちに次のような活動を行い、合計15ポイント以上を取得する必要があります。

・臨床心理士研修会への参加（講師・発表者）…4ポイント
・臨床心理士研修会への参加（受講者）…2ポイント
・ワークショップ型研修会への参加（講師・発表者）…4ポイント
・ワークショップ型研修会への参加（受講者）…2ポイント
・研究誌・機関誌への研究論文に発表（原著）…10ポイントなど

5章
これからのカウンセラー

おもちゃ広場という挑戦

「おもちゃ広場」とは、乳幼児期の子どもと、その保護者の方を対象に私が大学内で開催しているイベントのことです。通常学級に通う子どもはもちろんのこと、発達障害の子どもも、おもちゃや遊びを介して、他者とコミュニケーションが取れるように、療育施設のカウンセラーや心理学を学ぶ大学院生がサポートにつきます。

ここでは、なぜ私が「おもちゃ広場」を開こうと思ったか、お話ししましょう。

最近、大人になってから発達に特性がある、つまり、なんらかの発達障害がある、と診断される人が増えています。多くの人は自身の特性を知り、自分にあった生活の仕方を工夫して適応的な生活を送っていきますが、中にはうつ病で休職し、しばらくして元気になって復職、ところがまたうつ病が再発して休職というように何度も繰り返し、なかなか安定した生活が送れない人もいます。

そのような悩みを抱える人たちの相談を受けて思うのは、今までずっと苦労してきていて、傷ついてきた期間が長いということです。発達に特性があったとしても、それが受け入れられる環境であり、安心した環境で生活できているならば、自分らしく社会の中で適応しながら成長していけるわけですが、そうでない場合頑張ってもうまくいかず、わけがわからないまま頑張り続け、疲弊しきってしまうことが起こりえます。

その人たちをケアする場合、傷つき続けてきた期間が長ければ、心理的支援にも時間が必要になります。ただ、傷つきながらも、大人になるまでなんとかやってきた力はある人たちです。なので、カウンセラーはその経過の中に彼らの強みを見つけ、そこにフォーカスして今後の展望を見つけていくことになります。しかし残念ながら、傷ついてきた期間が長すぎて、なかなか一歩を踏み出せないという人もいらっしゃいます。

私は今まで多くの親子と出会ってきましたが、そこで感じたのは思春期の大変さです。「思春期は嵐のようだ」と言われ、ホルモンの変化、アイデンティティの確立という課題など、体も心も不安定なときです。しかし、不安定になってぐらぐらするからこそ、嵐を乗り越えればそこでぐっと成長するときでもあります。この嵐が吹き荒れる時期を支えるのが、じつは乳幼児期の体験なのです。この答えは「おもちゃ広場」の中からも、見つけることができるものです。

先日「おもちゃ広場」で、お母さんの腕の中で眠る1歳の赤ちゃんの顔を見たときです。その赤ちゃんは、静かで、満たされていて、お母さんに体を預けて安心しきった表情をしていました。それを見て私は、こう思ったのです。

「もう平和そのものだよね！」

この乳幼児期の安心感が大事なのだと、実感しました。

大人になると「テストの点数がよくなかった」「友だちと喧嘩した」「恋人とうまくいかない」「仕事で失敗した」というように、たくさんの悩みが出てきます。でも、乳幼児期にはそういった悩みはまだないでしょう。

たとえば昆虫採集に出かけて、ちょうちょが採れたらもちろんうれしいと思いますが、採れなくても、ちょうちょを追いかける行為そのものが楽しい。このような乳幼児期の幸せな時間は、その後の成長を支えるものとなりえます。

さらに、乳幼児期は人とかかわることも大切です。人とかかわる中で、こういうことは気持ち良い、気持ち悪い、何が好き、嫌い、これはおもしろい、つまらないなど、自分の感覚が育ちます。また、人とかかわることの心地よさが、将来何が起きても揺るがない土台をつくるのです。そのようなことから、メンタルヘルスを考えるうえで、やはり乳幼児期をサポートすることは大事です。

それでは、実際に乳幼児期をサポートするにはどうしたらいいのでしょうか？

その答えのひとつとして、親御さんをサポートするということがあげられます。先ほど、乳幼児期には人とかかわることがとても大切だと言いました。これには子どもが安心して遊んだり、話したりできる、そういった環境をつくっていくことが大切です。生まれてはじめて親密な関係ができるのはやはり、親的な人（必ずしも親である必要はないですが、話をわかりやすくするために、ここでは、親という言葉で表します）ですよね。ですから、親御さんが、子どもにとってもっとも安心できる人・場所でいられるように、親を支援するのです。

乳幼児期の主な活動は寝るか食べるか、遊ぶかではないでしょうか。その中で子どもの心の発達を促進するのは「遊び」です。そこで、遊びを通して親子をサポートしてみたらどうかと考えました。

おもちゃで遊ぶメリットは、親御さんも楽しく遊べることです。親御さんが楽しんでいると、子どもも自然と楽しんでいるという、こういう時間がすごく大切なのです。一緒に遊びながら、親子喧嘩をしたとしてもいいじゃないですか。どこの家庭でもあることです。親子が笑顔で過ごせる時間は、心の発達や成長を考えると非常に重要で、だからこそ「おもちゃ広場」を続けていきたいと考えています。

ところで最近よく「愛着」と言うことばを聞きます。しかし、そもそも〝愛着〟とはなんなのか、皆さんは知っていますか。愛着は英語で「attachment（アタッチメント）」と言い、これは特別な絆という意味です。日本語の翻訳には「愛」という漢字が入っているので親と子どもの「LOVE（愛情）」のことだ、と思うかもしれませんが、そうではありません。

愛着（アタッチメント）についてもう少し詳しく説明しましょう。これは、ジョン・ボウルビィという精神科医が提唱した概念で、特定の相手との結びつきを求め、それを維持しようとする生物の傾向のことを言います。このことによって乳幼児は「自分が安全である」という感覚を得ることができます。特定の相手との結びつきであるため、必ずしもその結びつきが母親である必要はありません。主たる養育者が、大枠を形成するとされています。

おむつを替えてくれる人、ミルクをくれる人、話しかけてくれる人、微笑みかけてくれる人など、自分のことを特別だと思ってかかわってくれる人との間に絆が生まれると、子どもはその人と色々なことをシェアしたくなります。

たとえば、石ころを拾って、

「この石、綺麗だな」

と思ったら、お母さんに見せたくなる。それは、お母さんがその子にとって特別な人だからです。この関係性を愛着と言い、子どもにとって、そういう人がいるということが大切なのです。

親子で遊んでいる様子を見ていると、

「ああしなさい」

「こうしなさい」

「あれはダメ」

「これはダメ」

という声がけをたまに見聞きします。もちろん、危ないことをしていたり、お友だちを殴るなどしてはいけないことをしていたら、「ダメだよ」と教えることは大事です。が、少なくとも子どもの安全を守るためであって、親が子どもを好きなようにコントロールすることではありません。

教育虐待という言葉をご存知ですか？　いわゆる〝愛〟という名のコントロールのことです。具体的には、子どもが失敗しないように、親が先回りして「いい学校に行かせたい」「水泳を習わせたい」「英語を習わせたい」など、あれこれ世話を焼きすぎることをいいます。そういう思いはあってもいいのですが、あまりにも強すぎるのは問題です。

この場合、親は子どもに愛はあるのでしょう。愛の反対は無関心ですから、教育虐待をする親は、無関心ではありません。しかし、子どもを見ているかというと、そうではないと思います。親にあるのは、「子どものためにやってあげたい」という思いだけであって、それは本当に子どもを見ていることにはならないし、子どもの心を育てることにはなりません。

子どもが「自分」というものを見つけようとしているとき、親がなんでも手を出しすぎると、子どもは「自分ができるのはここまで」ということがわからなくなってしまいます。すると、親が手を離した瞬間、子どもは「できない、なんで？」と混乱したり不安になったりして、引きこもってしまったり、あるいは「なんでいつも手伝ってくれたのに、どうして手伝ってくれなくなるんだよ！」と思い、怒りを親にぶつけるかもしれません。

たとえば、転ぶとけがをするからといって、いつも子どもの歩く道の石ころを取り除いていたら、転ばないようにいつも手を差し伸べていたら。転んだときにどうやって立ち上がっていいのかわからなくなるかもしれないですし、はじめて転んだ痛さに衝撃を受けてしまうかもしれないですよね。


現在、インターネットを開けば、育児の情報が溢れています。しかし、情報が多すぎるがゆえに、親御さんは何を信じていいのかわからないというのが正直なところでしょう。

「どんな風に遊んだらいいんですか？」

「すぐ癇癪《かんしゃく》を起してわがままを言うのですが、どうしたらいいですか？」

「近所の人に挨拶ができないのですが、どうしたらいいですか？」

「すぐお友だちに手が出てしまうのですが、どうしたらいいですか？」

「おもちゃ広場」でも、親御さんの悩みは多岐にわたります。

そんなとき、私はこう考えます。子どもは、失敗していい、できないことや親の思い通りにならないことがあってもいい、傷つくこともある。

そうしたときに、傷つきや失敗に寄り添える存在があれば、また、立ち上がって挑戦していけるのではないかと思うのです。親がそういった存在になることができれば、子どもは自然と、主体的に育って行き、自分でものを考えていくものだと思います。

このように子どもの主体性を育てることはすごく大事なので、乳幼児期からその大切さを「おもちゃ広場」で伝えていければと思っています。

昔は、親が忙しいときは、おじいちゃん・おばあちゃんや、隣近所の人たちが何かと子どもの世話を焼いてくれたものですが、核家族で近所づきあいも少ないと、子育てが孤育てになりがちです。

また、公園には「大声を出さない」「走らない」「ボール遊びをしない」など色々なルールがあり、そういうことを明記した看板が立っている公園もあるそうです。

「今、公園に行ってやることって、座ってカードゲームをするくらいしかないの」

ある親御さんの言葉に私は驚いてしまいました。

公園なのに、「大声を出さない」「走らない」で、何をするのでしょうか。鬼ごっこもできないし、キャッキャッとはしゃぐこともできないのです。走り回ることができなければ転ぶこともできず、転んだときの立ち上がり方もわからないままかもしれません。そういう意味では、本当に子どもたちが育ちにくい世の中だなと思います。

人の心が変わってきている

「おもちゃ広場」のところでもお話ししましたが、最近の親御さんは「失敗しないように」と、先回りをして子育てをしている方が多いように感じます。

ひと昔前は、いい大学に入って一部上場の会社に就職して、というのが人生の成功モデルだったかもしれませんが、今はどうでしょうか。

今の社会は、経済成長も見込めず、環境問題も山積みです。発展を目指す社会から、持続可能な社会へと変わっていかざるを得ないように思います。なので、親世代がイメージする幸せや成功はそれほど確実なものではなく、これからの社会は若者自身が見つけ築いていくのだと思います。

子どもや若者たちを支援することは、地域の担い手を育て未来を作ることでもあります。

カウンセラーとしてできることは、つまずいてしまった子どもたちが、自分の人生を選択すること、自信を持って試行錯誤しながら歩んでいくことを支援することだと思います。

また、今の世の中には、情報が溢れています。たとえば発達障害にしても、芸能人がカミングアウトしたり、テレビで特集が組まれたり、ネット上にもさまざまな情報が溢れています。

情報がありすぎると、なんとなくわかったような気になりますが、実感が湧きにくいようにも感じます。本来、人間は五感で感じて理解することが大事なのではないでしょうか。そうしないと、腑に落ちないと思うのです。ところが、今は「発達障害です」と診断されると、自分でいくらでもネットを検索することができるため、場合によっては間違った情報に振り回されかねません。

また、カウンセラーもそういう情報にとらわれることがあります。たとえば、発達障害かもしれない子どもの場合、療育にかかわる専門のカウンセラーが「この子は発達障害かも」という枠組みで見ると、

「この子はコミュニケーションが一方的ですね」

ということになります。

一方幼稚園では、園児の発達という枠組みで見るので、

「発達障害？　いやいや、全然みんなと一緒にやれていますよ」

ということになります。

この子が幼稚園生活において、何が楽しめてどんなことに困っているのかを見きわめることが1番重要なのであって、「発達障害」という枠組みにとらわれるとこの子の本質を見失う可能性があります。

発達障害以外でも、少し前はＨＳＰ、最近だとギフテッドだったり、メディアで取り上げられると、その言葉だけに振り回される人たちが出てきます。

ＨＳＰ（Highly Sensitive Person）とは、日本語で「とても繊細な人」という意味です。病名でも診断名でもなく、心理学の研究で使われている言葉で、その人が生まれ持った気質を意味します。

ギフテッドとは、突出した才能を持つ子どものことです。ギフテッドの中には、記憶力や言語能力、数学力などが優れながら、こだわりの強さや注意力の偏りなども併せ持つ子

がいて、いじめを受けたり、授業が退屈で不登校になったりする事例があります。そこで、文部科学省は2023年度から、ギフテッドの子どもたちが円滑な学校生活を送れるよう、支援に乗り出すと発表しました。

このような情報がきっかけで、「自分はHSPかも」とか「うちの子はギフテッドかも」とか気付くことがあるかもしれませんが、メディアの情報を鵜呑みにするのは危険です。

ですから、私はよく学生に、

「知識を学ぶことで、枠組みに人を当てはめて理解するようになっては本末転倒、そうではなく、人を理解するために知識を活用するように」

と話しています。

話は元に戻りますが、親御さんだけでなく、学校でも、問題が起こらないように大人が手を出しすぎているように思うことがあります。しかし、果たして、問題がないことがいいことなのでしょうか。昔から集団があれば、少なからずもめごとや喧嘩はありましたし、それをすべてなくそうとして、大人がコントロールする方が私は怖いと思います。

今、喧嘩の仕方がわからないだけでなく、上手に悩めず、どうしたらよいかわからなくなってしまう子どもが増えてきていると感じます。

たとえば不登校のお子さんが「困ってること、なんだろう？　なんか、漠然と不安？　不安なのかな？　よくわかりません」と言ったことがありました。朝学校へ行こうとすると、お腹が痛くなる、頭痛がする、リストカットしたくなる。ところが、なぜそのような症状が出るのか、気持ちになるのかよくわからない。そういうクライエントさんもいます。

もしかしたら、今の時代、自分の心のありようがわからなくなってきている人たちもいるのかもしれません。まぁ、自分の心は本当のところは、自分でもわからないものではありますが。でもある程度、つかめていた方が安心ですよね。だからやはり、私たちカウンセラーは子どもの頃から心を育てる支援をすることが大事なのだと思います。

今だからこそ、カウンセラーは求められている

カウンセラーは、今世の中で何が起きているのか知らなければ、クライエントに対して、的外れなアドバイスをすることになってしまいます。

今、どんな状況で親御さんたちが子育てをしているのか、学校の現場はどうなっている

のか、会社はどうなっているのか、経済についても生活に密着しているものなので知っておく必要があります。

たとえば先ほどお話した、公園でのルールの件もそうです。昔のように「公園では大声をだして駆け回り、体を動かして、みんなで遊ぶ」と思っていたら、親御さんと話がかみ合わない、なんてことも考えられますよね。

社会環境が変化していることをしらずにカウンセリングをするということは、クライエントがどういう環境で、どういう立場で生活しているのか、実感なくカウンセリングを行うことに等しいです。そういったカウンセラーが、クライエントに寄り添うことができるとは思えません。

「海外にいたときはもっとゆったりと子育てできていた」

と、ある親御さんがいっていました。

数年前、仕事でヨーロッパに行ったときに、実感したことがあります。公園などでは子どもが走り回っても周りの人たちはニコニコとして見守っています。電車の中で騒いだり、ベビーカーの中でぐずぐずいったときは、穏やかに静かな声で子どもをいさめていました。大声で怒鳴るようなことはありません。

私が見聞きしたのは一部の場面かもしれませんが、概して、子どもという存在に理解があり、子どもの人権を認める社会のように感じます。

日本はどうでしょうか。たとえば、混雑した電車にベビーカーをのせたら、非常識な親だと白い目で見られますよね。物理的に狭すぎる場所が多いというのもありますが、さまざまな場面で子育てするのに窮屈なところがあるように感じます。とくに最近の日本は子どもを育てにくい社会になってきているような気がします。

だからこそカウンセラーは「子どもの発達にはこういうことが必要だから、知ってほしい」というように多くの人に発信し知ってもらうことも、これからは大切だと思います。公認心理師の役割・業務の中でも、「心の健康に関する知識の普及を図るための教育及び情報の提供を行うこと」（公認心理師法第2条第4項）と定められています。

たとえばイギリスの自閉症協会では、さまざまなキャンペーンを行っていて、動画も制作しています。その中に、高校生の女の子が、自閉症の子どもが「困っている」ときに出すサインに気付く方法を、学校の先生に教えるという内容の動画があるのです。素晴らしいことだと思いませんか？　困っている子どもがいるからこそ、先生方が生徒から学ぼうという姿勢は、なかなか日本では見られるものではないと思います。「こういうことがあるから知ってほしい」ということが、立場や年齢・ジェンダーに関係なく、堂々と言える土壌があるのは素敵だと思います。

日本も徐々に理解度が高まってきており、とくにうつなどはかなり周知されるようになりました。このような啓発活動も、今後カウンセラーに求められることかもしれません。

日本のカウンセラーは地位向上する？

ひと昔前は、精神科や心療内科というと、ハードルが高いイメージがありましたが、今では割と気軽に受診する人が増えてきているように感じます。したがって、精神科や心療内科でカウンセリングを受ける機会も多く、カウンセリングに対してネガティブな印象を持つ人も以前よりは少なくなってきているようです。

しかし、精神科や心療内科は、心や体に不調が表れてから受診するもので、「悩みを相談したくて」という理由で受診する人はほとんどいないでしょう。さらに、公認心理師や臨床心理士が独自で開業している相談室などは、まだ一般の人たちには認知されていないのではないでしょうか。

欧米の映画のワンシーンのように、「夫婦関係の相談」などで夫婦揃ってカウンセリングを受ける日常が来るには、日本ではもう少し時間がかかるかもしれません。

カウンセリングが普及しない理由のひとつに、受診料が医療費に比べて高いということもあると思います。開業している相談室などでは、だいたい約1時間で1万円が一般的です。じつは医療費も高いのですが、日本には医療保険制度があるため、国民が支払う医療費は安く抑えられています。その分、カウンセリングに1万円というのは「高すぎる」と思われてしまっています。

日本でカウンセラーの地位が向上するかどうかはこれからです。2018年に公認心理師試験が始まって、今カウンセラーは試される時期にきていると思います。本当にカウンセラーが役に立つのかどうか、一般の人たちに広く認知されるのかどうか、分岐点に立たされているのではないでしょうか。

これからのカウンセラーは、心理学だけの世界に閉じこもっていたら、誰からも相手にされなくなるでしょう。積極的に多職種連携をして、一般の人たちも理解できる言葉で話す。これができないと、これからのカウンセラーは生き残れないと思います。臨床心理学は、役立つ知見を積み重ねてきた学問です。しっかり学んで、専門性と他職種の人たちと語りあえるスキルを身に付けて、ぜひ社会で活躍してください。

新しい時代のカウンセリング

現在、ＡＩの成長スピードは目覚ましく、市場規模の成長率も右肩上がりと予想されています。たとえばある医療の現場では、人間が手術するよりもＡＩを搭載した医療ロボットの方が、失敗しないという話を聞いたことがあります。そう考えると、近い将来ＡＩカウンセリングが行われるようになるかもしれません。

しかし、人間はそんなに変わらないような気もします。コロナ禍で対面でのカウンセリングが難しくなり、オンラインで行うことも増えてきましたが、だからといって対面がなくなるとは思えませんし、実際に向き合わないとわからないこともたくさんあります。オンラインのカウンセリングについては、今後効果についてのデータや研究結果が報告され、メリット・デメリットも明らかにされてくることでしょう。

しかし、ＡＩの時代になったとしても実際に顔と顔を付き合わせたコミュニケーションの豊かさは変わりません。そこにオンラインをどう組み合わせていくのかは、これからの課題ということになると思います。

また、アセスメントは日々進歩し続けており、今まではわからなかった色々なことがわかってきています。カウンセラーがかかわるさまざまな障害や、心の病についても研究が進めば、アセスメントのツールや介入法のプログラムも開発されていくので、カウンセラーは常に学び続けなければなりません。

じつは、この本でお話したJASPERも比較的新しいプログラムです。遊びを通して自閉症の中核症状（対人コミュニケーションやこだわり）にアプローチする方法はすごく画期的ですし、とてもおもしろいプログラムだと思います。

たとえば自閉症スペクトラムの人は、感覚に特異性があるといわれています。感覚の過敏さや鈍さがあることで、人とのかかわりにも影響するのです。たとえば、肌の感覚が特別な自閉症スペクトラムの赤ちゃんは、抱っこされるのをとてもいやがったりします。そうすると、先ほど説明したお母さんとの愛着をつくるのが、とても難しくなって後々困りごとが出てくる可能性があります。あるいは音に対して過敏で、人がいるところはうるさくていやだとなると、他にも多くの子どもたちが声を出して遊んでいる保育園や児童館のようなところで、お友だちをつくるのが難しくなります。そうすると、その子の対人関係にもかかわってきますよね。

音や光の情報への感覚だけではなく、さらに体の中（内臓など）の感覚についての研究も、最近は進んでいます。

たとえば、勤め先の小児科で、よくある相談のひとつに「子どもの便秘」があります。うんちがしたいと思うことには、内臓の感覚がかかわってきます。さらにうんちを出すためには、お腹に力を入れるため、筋肉の感覚、筋肉をうまく動かせるか、ということもかかわってきます。このような体の中の感覚がうまく機能するか、ということも、じつは心の問題と大きくかかわっているのです。

そうすると、一見するとかかわりがないように見える食の悩み（食べないとか食べすぎるとか）、アトピー、起立性調節障害などにも、心と感覚の問題が影響していると考えられるわけです。このことを学んでいけば、臨床の現場にも生かしていけると思います。

イースト新書Q

Q087

カウンセラー
（公認《こうにん》心《しん》理《り》師《し》・臨床《りんしょう》心《しん》理《り》士《し》）
という生《い》き方《かた》

井潤知美《いたにともみ》

2022年11月20日　初版第1刷発行

発行人　永田和泉
発行所　株式会社イースト・プレス
東京都千代田区神田神保町2-4-7
久月神田ビル　〒101-0051
tel.03-5213-4700　fax.03-5213-4701
https://www.eastpress.co.jp/

ブックデザイン　福田和雄（FUKUDA DESIGN）
印刷所　中央精版印刷株式会社

ISBN978-4-7816-8087-3